発達支援と教材教具 Ⅲ

子どもに学ぶ、学習上の困難への合理的配慮

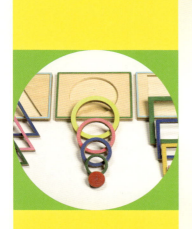
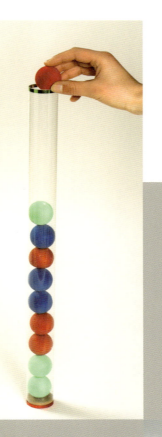

著 立松 英子
TATEMATSU EIKO

ジアース教育新社

は じ め に

　平成25年8月、筆者が所属する「障害児基礎教育研究会」では、年に1度の「教材工夫展」（創作教材の展示会）が第20回を迎え、記念すべきその催しを沖縄で実施することになりました。25年前にこの研究会ができた頃は、コミュニケーションが困難な、ほんの一握りの子どもたちの教育について語り合うささやかな会でしたが、今期の沖縄大会には約300名の方が訪れ、展示された教材教具は2000点余り。実践研究を続けてきたおかげで、多くの皆さんと成果を分かち合うことができたことを心から嬉しく思いました。

　教育実践の評価は難しいものです。特に言語表現に乏しい子どもの場合は、こちらの働きかけがよかったのか悪かったのか、行動の変化から読み取らなければなりません。読み取りには大人の主観が反映しがちで、即座に現れる変化がよいとは限りませんし、あとからビデオで振り返って初めて真の意味に気づくこともあります。Aさんの変化が自然な成長発達の範囲なのか、専門的な働きかけの成果なのか、それらの相互関係ならばどのように関係し合ったのか、そして、それをどのように測るのか。このように、曖昧で不確定な環境や時間の流れの中で行われていくのが「実践研究」といえます。

　これまでに、『発達支援と教材教具－子どもに学ぶ学習の系統性－』、『発達支援と教材教具Ⅱ－子どもに学ぶ行動の理由－』を刊行し、調査研究や文献研究、そして実践的側面を併せて筆者なりのまとめをしてきました。しかし、いわゆる学術論文には書きにくい、繊細でリアルな子どもの姿を表現したいという気持ちは続いていたようです。今回は、そのような理由で、実践の中で出会ったさまざまなお子さんの息遣いが感じられるようなまとめ方を心がけました。

　しばしば事例が出てきますが、個人情報の保護に関して、個別に了解をとることが困難な過去の事例もあることから、定型発達児の写真を使ったり、典型的な事例にアレンジしてあったりすることをご理解いただければと思います。研究会のお母さま方からは「このページからはわが子の匂いがする」などのご感想をいただくことがありますが、そんなふうに親しみをもって読んでいただけたら、望外の幸せです。

2015年1月吉日
東京福祉大学　立松　英子

　本書で紹介した教材は、障害児基礎教育研究会の代表、吉瀬正則先生及び会員の加部清子先生ほかが製作されたものです。写真のモデルは、会員の関係者である和泉澤弥月さん、七海茉鈴さん、小沼七緒さんです。また、「太田ステージ評価」は、NPO法人心の発達研究所所長　太田昌孝先生が中心となった開発した、シンボル機能の発達を評価する検査法です。詳しくは、太田昌孝・永井洋子編（2015）『自閉症治療の到達点第2版』（日本文化科学社）及び拙著『発達支援と教材教具』（2009）、『発達支援と教材教具Ⅱ』（2011）（ジアース教育新社）をご参照ください。

目　次

はじめに

第1章　大人のまなざしと子どもの育ち
1　大人のまなざしと子どもの育ち／8
2　物とのかかわり／9
3　選択の順序性／10
4　視線を受け止める／11
5　しかけをする／12
6　認知の発達が教材の扱いに現れる／16
7　どの段階でどのような教材を／18

第2章　脳で見る世界
1　障害のある子どもの発達／20
2　認知発達を実践的に捉える／22
3　TOBの各タイプに現れる学習上の困難／28
4　触-運動感覚を通した学習の重要性／35

第3章　子どもが席を立つ理由
1　3つの発達段階／38
2　触ってわかる世界で／40
　（1）子どもが席を立つ瞬間①
　（2）立体と平面の違い
3　見てわかる世界で／42
　（1）子どもが席を立つ瞬間②
　（2）目の前にないものの理解
4　言葉とイメージの世界で／45

第4章　3つの世界をつなぐ
1　触ってわかる世界から見てわかる世界へ／48
　（1）バラバラな動きをまとまった動きへ
　　　◆つかむ、放す
　　　◆向きを修正しながら放す
　　　◆払いのける、方向を予測してすべらせる
　（2）点から線へ
　　　◆順に見る、線をたどる
　　　◆線をたどる、順にさす
　（3）線から面へ
　　　◆角から線をたどって、形を予測する
　（4）「見比べる」から見本の理解へ
　（5）構成的に見る
　　　◆見比べる、見本と同じスティックをさす
　　　◆構成的に見る
　　　◆凸面を手がかりに形を描く

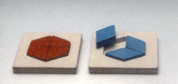

2 見てわかる世界から言葉とイメージの世界へ／62
　　（1）並べたがる、揃えたがる
　　（2）同時処理から継時処理へ
　　　　◆入れる順序を予測する
　　　　◆交差点を突き抜ける
　　（3）イメージを育てる
　　　　◆視覚で対応する、聴覚で対応する
　　　　◆見えないところにある数を当てる
　　　　◆視覚優位の子どものための数の学習教材
　　（4）文字学習との関係
　　　　◆音を視覚化する、音節に分解する
　　（5）見てわかる段階の認知特性
3 言葉とイメージの世界で学ぶ／73
　　　　◆文字から行動をイメージする（1）
　　　　◆文字から行動をイメージする（2）
　　　　◆具体的操作を通じて式の意味を知る
　　　　◆聴覚的刺激のみからイメージする
　　　　［コラム］教材の操作から3つの世界の違いを考える／75
4 支援の方向、支援の方策／79
　　（1）基本的な考え方
　　（2）教材教具の役割
　　（3）学習を進める際の心構え
　　（4）提示上の留意点
　　（5）能力の異なる集団での授業づくり
　　（6）主体的な活動を引き出すための準備
　　（7）教材製作上の留意点
　　（8）全般的な行動観察の視点

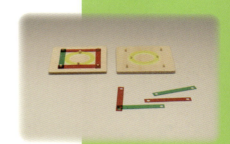

第5章　キャリア教育の視点から
　　　　　－Stageに応じた目標設定と手だて－

1 「キャリア教育」の背景／88
　　（1）キャリア教育の概要
　　（2）知的障害教育における「キャリア教育」
2 実態を見据えた具体的な学習内容の検討
　　－Stageに応じた目標設定と手だて－／90
　　　　◆Stage Ⅰ
　　　　◆Stage Ⅱ
　　　　◆Stage Ⅲ-1
　　　　◆Stage Ⅲ-2
　　　　◆Stage Ⅳ

第6章　合理的配慮と教材教具
1　「障害者の権利に関する条約」の批准／ 98
2　「共生社会の形成に向けたインクルーシブ教育システム構築のための特別支援教育の推進（報告）」／ 99
3　「障害のある児童生徒の教材の充実について（報告）」／ 100
4　「教育支援資料」／ 101

巻末資料
　　1　太田ステージ評価の操作法（LDT-R実施手順）
　　2　鳥の絵課題（TOB）
　　3　改訂行動質問票45項目版（CBQ-R）

参考文献
おわりに

第1章
大人のまなざしと子どもの育ち

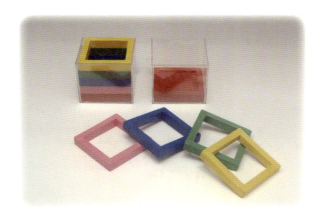

『発達支援と教材教具』では、感覚と運動により外界を学んでいく段階から、言葉による思考（概念形成）が可能になるまでの学習の過程を、教材教具の扱いを通して述べました。また、『発達支援と教材教具Ⅱ』では、認知の世界と社会的行動との関係を、調査研究の結果を加えて説明しました。今回はさらに実践的に、事例を多く挙げながら解説していきます。なお、本巻でも、「障害児基礎教育研究会」で扱う学習の道具は、「教材」（操作する対象）と「教具」（それを支える物）の区別がつきにくいことから、一般的な用語である「教材・教具」ではなく、「教材教具」と著し、場面によっては「教材」と略記します。

第1章
大人のまなざしと子どもの育ち

1　大人のまなざしと子どもの育ち

　子どもは大人のまなざしに支えられながら、世界を学び、広げていきます。大人がどのようなまなざしで見守るかは、子どもの育ちに大きな影響を与えます。

　しかし、いかに未来を信じる暖かいまなざしがあったとしても、療育や教育活動においては、支援者チームで了解し、同意する、具体的な手だてや物差しが必要です。「障害を理解し」「子どもの立場に立つ」のは当然のことですが、人によっては、子どもの全てを受け入れ、好きなようにさせてあげることと思い、また別の人は、将来を見据えて高い目標に立ち向かうことだと思うかもしれません。少なくともプロフェッショナルとして療育や教育にあたる場合には、このように人によって解釈が異なる言葉ではなく、具体的で操作的な判断基準や実践方法が必要です。

　「子どもは非言語的な記憶を言語的な記憶に変換できない」（Simcockら, 2002）という研究があります[1]。言語を獲得し、概念形成に至るまでの自分がどうだったか、思い出せる人は少ないということです。このことは、言葉の理解と使用に困難のある子どもの内面を、大人の思い入れで推し量ったら、間違ってしまうかもしれないということを意味しています。

　個々の子どもに適切な活動を用意するためには、当然のことながら、その子のものの見方がどうなのかを知る必要があります。その答えは、子どもの活動する姿そのものから導き出されるものでなくてはなりません。世界がどのように見えるのか、特定の物（しばしば目にする「こだわり」）に心ひかれるのはなぜなのだろうか。その疑問を解く鍵は、大人の心の中ではなく、人や物とかかわる子どもの行動そのものにあるといえます。

　大人が遠い過去においてきた世界で、どのようにして外界のしくみに気づき、言葉を自分のものとし、社会的な行動を身につけていくのか。その解明には多くの研究者がそれぞれの切り口で挑んできましたが、本書では、教材教具の扱いを切り口に、言葉による表現が困難な子どもの世界を描写していくこととします。

---

[1] 心理学では幼児期健忘症（childhood amnesia）といい、フロイト（1970）が述べたことに始まり、多くの研究があります。

第1章　大人のまなざしと子どもの育ち

2　物とのかかわり

　子どもは生きている限り成長しようとし、活動すること自体が、子どもにとっては学び、選択し、よりよく生きるということです。適切な環境の中で物と自分との心地よいやりとりが成立するとき、子どもはさまざまな発見をし、人と喜びを分かち合おうとします。つまり、子どもが主体的にかかわる「物」は、子どもの環境との関係をつくり、その子どもにとって手ごたえのある学びを提供する触媒のようなものといえます。

　言葉が出る前の子どもたちは、ちょっとした触り心地、数ミリの違い、数秒のタイミングに反応しています。「物」を「教材教具」に置き換えると、この段階におけるよい教材教具とは、運動を呼び起こし、活発にして、結果を子どもに返し、達成感に結びつけるものといえます。それらは、程よい触りごこち、つかみやすい大きさや形を有し、子どもの目に入りやすい空間に提示され、

（1）手を出したくなる。
（2）差し出せばすることがわかる。
（3）操作を通して自分のしたことがわかる。
（4）（思い通りの結果になり）人に喜びを伝えたくなる。

写真1　見た物に手を出そうとする生後5週の乳児

など、触覚と運動、自他の意識に直結した特性をもっています。生後12カ月前後から、物に手を出し、思い通りの結果が出ると、子どもは得意そうに大人を見ます。目が合うと満足し、そこから再び活動が始まります。このように、子どもの行動は大人のまなざしに支えられ、自ら手を出した物との相互作用により、鳴る、鳴らない、落ちる、落ちない、などの結果を得て、手を出す方向や触る際の力の調節など、動作の工夫に発展していきます。この段階では触覚と運動が優先し、大人のように「見てから手を出す」のではなく、「（チラリと見て）触って（操作して）からじっと見る」ことの方が多いようです（写真2）。

　ところで、物をひたすらなめたり口に入れたりしている子どもはその感覚に没頭し、人に関心をもたないことが大人にとっては気になるものです。しかし、物に手を伸ばしたということは、子どもが主体的にそれを選んだということです。そのことに着目し、どんなものを選んでどうするのか、という視点で見ていくと、その段階の子どもと心地よいやりとり（コミュニケーション）を成立させるためには何が必要かということが見えてきます。

写真2　穴に指が入ってから注視する

3　選択の順序性

　障害児基礎教育研究会（以下、「研究会」）では、実践を通して、発達の初期段階の子どもがよく見るものは、「赤い物、光る物、チラチラする物、物の端、とがった場所、縞模様（コントラストの強い部分）」と考えてきました。また、MaurerとMaurer（1992）は同様な指摘をしながら、「新生児は一度に1つずつ、構成要素を別々に見ている」と述べています。

　見つけることに興味をもち始めた子どもは、その指でつまめるくらいの小さな物に注目します。見つけたらその一点に注目し、周囲の物は忘れてしまいます。この段階では行為の方向に選択の余地はなく、物に手を出したらすぐに口に入れる、引っ張るなどして、まずは自分の体に向かって引き寄せる方向を学びます。

　見つけることで精一杯の目は、見比べるためには使いにくく、視覚的な注意を向けるときは、「それ」か「それでないもの」という選び方をします。「どっちにする？」と提示されると最初に目に入った物に手を出して、手が出たときには視線が外れ、「見て」と言われても見ないで触ることが多いようです。

　そのため、この段階では感触（触りごこち）が大切です。触った経験があると、その感触を求めて手を出すので、教材に使うものは、感触のよい、つかみやすい大きさのものを選びます。加部ら（2009）は、10カ月から1歳前後の赤ちゃんに球と立方体を提示すれば、明らかに球を選ぶことが多いと述べています。それは、つかみやすさを予測しているからと思われます。

　手を出し、なめる、引き寄せるなどの活動を十分に行った後、子どもは体に向かう方向とは別の方向があることに気づきます。そして、手足が自由になるにつれて、「振り回す」「払いのける」「投げる」などの行為を楽しみます。研究会の創始者である水口浚先生は、そのような行為に合わせながら、やりとりに導くことが上手でした。「投げて困る」子どもの指導は、まず投げる環境をつくることから始まりました。

写真3　玉入れ教材

　先生は、ブリキのバケツとゴルフボールを用意して指導に臨みました。そして、その子が投げるゴルフボールをバケツで受け止め、その後バケツを人工ミルクの缶、コーヒー豆の缶と口径の狭いものに変え、最後は、玉入れ教材（写真3）にまで導きました。「缶」による音のフィードバックを動機づけに使い、「投げる」行為を、方向を予測した、選択的で意図的な、「入れる」行為に導いたといえます。「行為に方向があることに気づかせる」ことを、先生は、「方向を出す」と表現していました。

　「投げる」など粗大な行為の中で行為の終点に意識が向き、視線を「こっち（行為の始点）」から「あっち（目標）」に移動するようになると、「選択する」行為につながっていきます。「選択する」とは、見本（○）を見て（触って）記憶し、選択肢の「●」から「▲」を見て、見本の記憶（○）に照らしていらない方（▲）を捨てて正解（●）に手を出す、という複雑な行為です。「見比べる」ためには複数の物を覚えている必要があるため、単に好きなものに手を出すことと、見比べて選択することとは、記憶の側面から見ても次元の異なる行為といえます。

4 視線を受け止める

　特別支援学校や保育所では、子どもが教師を振り返ってチラリと見る場面にしばしば出会います。そのようなとき、大人を振り返る前に物との活動があり、物がコミュニケーション行動を起こすきっかけになっていることが観察できます。

　写真4は、生後12カ月の定型発達児が、ボールを缶に落としていい音がした瞬間に、母親を見ているところです。このとき母親がその視線を受け止めてうなずき、子どもの行動を肯定すると、子どもは喜んでますますその行為を行います。こうして、遊びの中で何度も、「〇〇したら△△になる（例：入れたら音が鳴る）」こ

写真4　行為の終わりで大人を見る

とを確かめることを通して、子どもは動作と結果の確かな結びつきを学び、それを見守る大人のまなざしによって、自己を肯定的に捉えるようになっていきます。鹿取（2003）は、「物は社会的なやりとりをするための通貨である」と述べています。

　定型発達児では、およそ8カ月～12カ月で自分と他者の違いを明確に意識するようになり、他者が自分とは違う存在だということがわかると、意図的な発信行動（クレーン現象[2]で大人の注意を引く、視線を誘うために手さし、指さしをするなど）が始まります。他者への気づきと発信行動の発現は、言葉の前兆と考えられています。Tomasello（1999）は、この時期を「9カ月革命」と呼び、言葉につながる画期的な変化（共同注意[3]、社会的参照[4]など他者を意識した行動が現われる）として重視しています。定型発達児では自然に出てくるこれらの行動ですが、障害のある子どもには、その行為の発現を促進する、意図的な支援が必要です。そのために、手を出したくなる物を用意し、それを扱うことによって「音」などなんらかのフィードバックがあるように、環境を工夫するのです。

　このように、コミュニケーションを重視した考え方をすると、同じ教材であっても、「反復練習することによってできないことをできるようにする」という考え方とは根本的に異なる使い方をすることになります。まずは子どもが意欲を示し、手を出すように環境を整えることが支援者の仕事です。これを研究会では、「しかけをする」といいます。特に言語発達が未熟な段階では、環境がそのまま他者との交流の道具やきっかけとなるため、子どもの興味・関心に応じた、より応答性の高い環境をつくることが求められます。その点において、教材教具は重要な役割を担っています。

---

[2] クレーン現象：クレーンのように大人の手を使って注意を引こうとする行動。指さしの前に現れる発信行動とされる。このとき、大人の顔を見ていないことが多い。
[3] 共同注意：大人が注意を向けたものに注意を向ける。あるいは大人の注意を引こうとして指さしなどの行為をする。
[4] 社会的参照：大人の表情をうかがって、安全か危険か、是か非かなどを確認する行為。

5　しかけをする

　水口先生は、「しかけ」が大変上手でした。背中を反らせてかかわりを拒否していた子どもが、いつのまにか教材教具に魅了され、熱心に学習に向かうようになるため、周囲の者は魔法を見ているようでした。しかし、それは当然魔法ではなく、長年の実践に裏打ちされた、個々の子どもの特性を見極めた上での繊細で周到な準備があり、また、うまくいかない場合はすぐにそれを修正する柔軟さがありました。それを、先生は、「仮説をたくさんもつ」と表現されていました。

　障害児基礎教育研究会の定番となっている教材教具のうち、子どもがよく手を出すものを以下に紹介しながら、「しかけ」について解説していきます。

(1) つかんで抜く（左：横方向・右：上方向）

写真5　横に抜く　　　　　　　　　　　写真6　上に抜く

　発達の初期段階の子どもがよく見るもの（手を出すもの）は、前述のように、「赤い物、光る物、チラチラする物、物の端、とがった場所、縞模様（コントラストの強い部分）」などです。ここでの「しかけ」は、キラキラ光るテープ、縞模様、終点の赤いキャップです。それから、棒が長すぎないことも重要な要素です。操作から結果までの時間が長いと、子どもにはその関係がわからなくなってしまうからです。

　言葉のない子どもの多くは眼球運動も瞬間的で、ぎくしゃくしています。水口先生の言葉に、「手や目を中心とする感覚・運動を呼び起こし、バラバラでぎくしゃくした感覚・運動を、目的のある、まとまりのある、なめらかな、自分に納得のいく行動に組み立て…」というものがあります（水口, 2003）。「目的のある」とは、自発的に、ゴールを意識しながら目と手を使う、ということです。そのとき、子どもはまず対象物を見て、手の動きをその方向に合わせ、また、行為の終点を自分で決めています。ところが、刺激につられて次々に注意が移ると、行為の終点に至るまでに他のものに手を出してしまいます。自分のしたことが記憶に残らず、自分の体の動きも意識していないことが多いようです。そこで、まずは対象物を見るように、そして、行為の終点が本人にわかるように活動を組み立てます。

　写真5は、主として肢体不自由を伴う子どもに使います。この教材にも、子どもの目に入りやすい要素がほどよく取り入れられています。すなわち、キラキラ光るテープ、子どもの目に入りやすい高さ、子どもの手がちょうど乗るくらいの筒の長さ、触ったときのソフトな感触などです。

　麻痺のある子どもの手は、支えがあると比較的自由に（意思的に）動きます。この教材では、

第1章　大人のまなざしと子どもの育ち

動く方の手を、支援者がキラキラ光る筒にひっかけます。すると、子どもはその感触に対して注意を向け、見やすく工夫されている筒を見ます。

　筒は左には動かず、右にのみ動きます。支援者が子どもの手に軽く触れ、わずかな手の動きを励まして右に誘導すると、筒が外れて下に落ち、同時に子どもの手も急な動きの後に停止します。このことにより、子どもは動く方向と動かない方向があることに気づきます。言語化しているわけではありませんが、左の方向は止まる、右の方向には動くということを、体で感じとるのです。また、棒の端で手が落ちたとき、子どもは「行為の終わり」を知ることになります。意識していなかった自分の手の運動に方向と終点があることがわかると、その行為は次第に目的をもった、「終わり」のある、まとまった行動として意識されていきます。そのためには、運動の始点から終点までの時間（つまり、棒の長さ）は長過ぎてはいけないのです。

　写真6は、しばしば知的障害の重い子どもが対象となる教材です。横向きの教材である写真5と違うところは、少なくとも筒をつかまなければならず、また、重力に逆らう方向に運動が導かれる、すなわち、より意図的な動きが必要になるということです。子どもの動きを誘う工夫は、次の通りです。

①素材：ここで使っている筒の素材はビニールホースです。触ったときの感触がソフトで、子どもは安心してつかむことができ、手を出しやすいといえます。
②色合い：赤と黄色の縞模様になっているのは、前述のように、子どもの目に入りやすいからです。
③つや：ホースの「つや」も子どもにとっては見つけやすく魅力的な特性です。
④大きさ：ホースは、子どもが握りやすく扱いやすい長さ、太さになっています。
⑤終点：先端に赤いキャップがあるのは、運動の終点を示すためです。
⑥見つけやすさ：棒の長さはこのキャップの位置がちょうど子どもの目の前にくるようになっています。
⑦注意の持続への配慮：途中でちょっと曲がっているのは、そこで筒の動きを止めるためです。手の動きが止まるため、子どもは「おや？」と視線を元に戻します。

「視線を元に戻す」とは、その時点では視線が外れていることを意味します。「見つけて手を出す」ことで精一杯の子どもは、運動の始点に注意を向けても、操作が始まると視線が逸れてしまうのです。大人は、触覚と運動・視覚・聴覚などの感覚を駆使して物を操作しますが、この段階では、1つの感覚（触覚と運動）に集中すると他の感覚（視覚や聴覚）が使えなくなってしまいます。そのため、あえて棒を曲げ、運動を止めることによって、もう一度対象に注意を促し、視覚が戻るようにしています。

　さらにいえば、

⑧操作対象の区別：視覚を誘うためのキャップやホースの赤い色と台座の緑は補色の関係にあります。そのことが互いを際立たせ、教材（操作の対象）と教具（教材を支える台）の違いがわかりやすくなっています。

　このように、子どもが自発的に運動を起こし、継続して課題に向かうためには、支援者は、操作の対象の特性（大きさや高さ、色合い、手触り、つや、コントラスト等）に細やかな注意を向

けることが必要です。どんなものが効果的かは、日頃から、自由に遊んでいるときの子どもを観察することによってわかります。好んで触れているものの特性を学習に取り入れればよいのです。

（2）穴に落とす（決めた位置で意図的に放す）

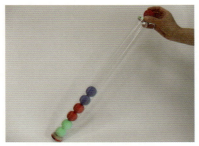

写真7　穴に落とし、動きを見る
　　　　（スポンジ）

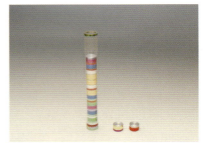

写真8　穴に落とし、動きを見る
　　　　（金属柱）

　ここでの「しかけ」は「穴」、「縁（ふち）」、「重さ」です。
　吉瀬（2006）は、「つかむ」ことよりも「放す」ことの方が難しいと述べています。定型発達児でも生後4カ月頃から4指で引っ掛けて物を引き寄せるようになりますが、Gesell（1973）は、「新・発達診断学」の中で、「意図的に放せるようになるのは15カ月の成熟を待たねばならない」と述べています。
　写真2（p9）の子どもは12カ月児ですが、最初から玉をつまんで穴に落しているわけではありません。玉を穴の縁でころがしながら、穴と玉の感触を手がかりに、4指が一体となった動きをゆっくりと1指（人差し指）に変え、穴に入れているのです。意図的に放すためには、何らかの触覚的援助を必要としているといえます。
　そのために、写真3では、穴の位置を視覚的に際立たせるだけでなく、縁を盛り上げて「放す」動作を触覚的に刺激するような工夫をしています。また、箱の周囲の縁を盛り上げているのは、操作空間を触覚的にわかるようにするためです。この教材に興味をもつのは、見ることに不自由はなくても、視覚で空間を把握するのが困難な子どもです。また、位置が特定できても、手をそこに持っていく間に視線がずれてしまう子どもです。子どもは穴の位置に玉を持っていき、盛り上がった縁で手首を固定します。その上で指を開いて放す動作に入り、そこに、ゆっくりと視線が向かいます。つまり、「穴に入れる」操作によって、離れていた視線が戻ってくるのです。
　写真7、写真8は、手を放した後の玉の動きが見えるようになっています。写真7では、ウレタンの玉がゆっくりと筒を落ちていきます。最初は玉が手を離れたときが「活動の終点（目標）」ですが、その操作に習熟していくと、今度は玉が筒の底に落ちたときが「活動の終点（目標）」になります。玉を放すだけで精一杯だった子どもが、玉の落ちる方向を予測して視線を向けるようになり、繰り返すうちに、落ちる先を見ながら玉を放すようになっていきます。
　写真7は、軽いウレタン、写真8は金属製の重い円柱です。似たような教材ですが、写真8に入れるのは円柱のため、入り口で傾くと入りません。円柱の方向を調整する必要があるため、

第1章　大人のまなざしと子どもの育ち

「穴を見つけて手を持っていき、放す」だけで精一杯の子どもには難しい課題です。

　特別支援学校では、言葉がほとんどない子どもにも、数の学習が行われることがあります。実際、年齢が高くなると、表出言語はなくても、数字を提示すると正しい数を持ってくることができる場合があります。

　そのような子どもを対象とした学習の過程では、横に並べて数えさせるよりも、縦方向に落とす教材を使って、「1」「2」という数唱を入れた方がわかりやすいといえます。なぜなら、「落とす」ためには所定の位置で手を放せばよいのですが、横方向に「数える」には、「横に広がる空間で始点と終点、操作の方向を捉え、終点を忘れないようにしながら手の運動を調整し、1個1個飛ばさないように指を置いていく」ことが必要だからです。一瞬一瞬の世界で生きている子どもにとっては、この複雑な操作を行うことは容易ではなく、操作に集中すると、数唱（聴覚）に耳を傾けることが困難になってしまいます。

　さらに、玉が重いか軽いかも、行動に影響する重要な要素です。松村（2013）は、玉の重さによって子どもが投げる方向を変えることを報告しています。適度な重さのあるものを操作するとき、自分の行為を意識しやすくなるようです。

（3）ずらす（運動の方向を見る、数唱とともに動かす）

写真9　玉ひも教材

　水口先生の開発した「玉ひも教材」（水口ら，2006：写真9）は、子どもが注目し、手を出しやすいだけでなく、ずらすときの感触に魅力があります。ここでのしかけは、つかみやすい大きさ、つや、鮮やかな色、そして、紐によって自分の手の運動の軌跡が見えること、ずらすときに適度な負荷（抵抗）があること、すなわち、自らの運動が自分にフィードバックされやすいということです。そのため、紐は、狭い穴にきつめに通します。

　手の運動を意識して調整することの少ない子どもは、「運動の方向を予測して、動かす前に終点を見る」ということも少ないといえます。この教材では、終点まで玉をずらすとカチッと止まり、運動の終点が触覚と音でフィードバックされます。手が動く方向が自分に見える、こうしたらこうなるという予測がつく、など、行為の結果が自分に返ってくるような手がかりがあることが子どもにとっての魅力のようです。たいていは見つけるとまず手を出し、もてあそびます。支援者が子どもの手を玉に誘導して一緒に動かす（運動の方向づけをする）と、子どもはずらす方向を学んで手を動かし始めます。

6　認知の発達が教材の扱いに現れる

　「玉ひも教材」を操作する子どもを観察すると、触る、口に入れる、振る段階から、つかんで動かす、手の動きを目で追う、終点を予測しながら手を動かす、など、目と手の操作が自然に一致するまでに細かいステップがあることに気づきます。その過程に集中する子どもは、数唱に耳を傾ける余裕はありません。

　目と手の協応動作が習熟していくと、落ち着いて数唱に耳を傾けることができるようになります。しかし、数唱に合わせるだけではまだ不十分です。「数える」とは、自ら数を唱え、手を動かすことだからです。目と手の協応動作の習熟の一方で、1から10までの順番を抜かさず狂いなく言えることや、最後の数がそれまで動かした「量」を表すということがわかるということも必要になります。つまり触覚と視覚、聴覚及び数唱に伴う記憶されたイメージが統合されてはじめて、「数える」が可能になるのです。これら複数の異種感覚を統合した操作に習熟するのは、障害のない子どもでも6歳位といわれます（鹿取, 2003）。「玉ひも教材」を使った実践で経験した、各種感覚の統合に至るまでの感覚の使い方を、「見つける」段階から詳しく述べていきます。

① 触覚と運動が優先する段階
①玉に手を出してつかみ、自分に引き寄せる。口に入れる、振る、投げるなど。
②教材を提示し、手を誘導して動かす方向を伝えると、最初に見た玉に手を出し、触れたら瞬間的な動作で手を動かす。動かすことで精一杯で、ずらしても数センチで手を放してしまう。目が手の動きを追うことはない。
③手を誘導して終点のカチッとした感触を伝えると、行為のゴールを意識するようになる。うまくできたかどうかは、視覚ではなく、終点の感触で確かめている。目は手の動きを少しだけ追うが、終点の感触を感じる前に視線がはずれてしまう。終点の感触を感じると、そちらの方向を見ることもある。

② 触覚と運動の感覚と視覚が統合されていく段階
④終点のイメージ（予測）があり、操作を始めた直後に終点側に顔が向く。目と手の動きはバラバラだが、次第に手の動きの後から視線がついていくようになる。視線がついていくようになると、手の動きはなめらかさを帯びてくる。
⑤手と目の動きは一致するようになっていくが、それだけで精一杯で、支援者が唱える数唱に耳を傾けることはできない。

③ 触・運動感覚と視覚・聴覚が統合されていく段階
⑥数唱に耳を傾けている。しかし、数唱に耳を傾けると視線がはずれ、しばしば複数の玉を一緒に送ったり、途中を飛ばしたりする。
⑦この段階で、視覚が優先するタイプと聴覚が優先するタイプがいることがわかってくる。視覚が優先する子どもは、玉を1つずつ順番に送るが数唱と合わず、支援者が途中で数唱をやめても手の運動は続く。聴覚が優先する子どもは、複数の玉を一緒に送ったり途中を飛ばしたりするが、数唱に合った動きをし、支援者が数唱をやめると手を止める。

第1章　大人のまなざしと子どもの育ち

④　自らの数唱で手の動きをコントロールする段階
⑧「いち、に」と自分で唱えながら手を動かす。しかし、数唱の一部が抜けたり、途中で動きが先走る。
⑨自らの数唱に合わせて手が動く。数唱が手の動きをコントロールすると、ゆっくりとした動きになっていく。

　①、②、③では、動かすこと（触覚と運動）のみに注意が集中し、視覚は見つけるだけに使われています。子どもは動かすこと自体を楽しんでいて、動作は瞬発的で、コントロールされていません。③で終点を「触覚的に」予測し、④、⑤では「視覚的に」予測して、終点を見るようになります。この段階では、目と手を協応させることに注意が集中しています。⑥でようやく他者から与えられた言葉（数唱）に合わせて目と手を動かすようになり、⑧で自ら数を唱えて手の運動をそれに合わせ、⑨で手の運動が視覚・聴覚に統合されて、ゆっくりとした確実な動きになっていきます。このように、「数える」という行為の実現までには、同時に使える感覚が1種（触覚・運動）のみから、2種（触・運動と視覚の統合）、3種（視覚–運動と聴覚）の統合へと広がり、それぞれの段階で違った世界が展開しています。

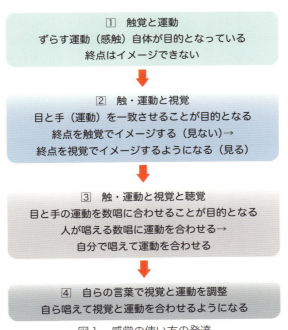

図1　感覚の使い方の発達

　支援する側は、それぞれの段階の感覚の使い方に合わせた支援を行います。たとえば、①の段階では、触り心地や目に入りやすさに注意して素材を吟味します。②の段階では音声は邪魔になるので、声かけは控えめにします。③の段階では、見ることや動かすことに集中する作業を妨げないように、タイミングを見計らって声をかけます。

7　どの段階でどのような教材を

　感覚の使い方に留意した働きかけについて、「玉ひも教材」を例にもう少し詳しく説明します。たとえば、1の段階では、「見て」と言ってもあまり効果はありません。つかみやすさを工夫したり、感触をよくしたりすることに注意を払う方が効果的です。2の段階であれば、触覚が視覚を引きつけることを念頭に、まず玉を1つずつ握らせて「触覚で」運動の始まりを伝え、終点まで手を誘導して、「コツン」という感触（終点）を意識させます。自分の行為と結果との関係に気づかせるためには、紐を短くします。すなわち、短時間で結果が出るようにし、また、終点を目に入りやすくします。動かすだけで精一杯のときは、子どもは支援者を見ません。3の段階で触覚と視覚とが一致してはじめて、子どもは支援者をチラリと見ます。このときを見計らって「さん」などと声をかけると子どもは耳を傾けますが、手元に集中すると数唱が聞こえなくなり、数唱に集中すると手元を見なくなるといった様子が観察されます。当然のことながら、数唱に耳を傾けるだけで精一杯の状態では、玉を動かしながら自ら数を唱えることはできません。逆にいえば、4の段階で、うまくできなくても子どもが自発的に数を唱え始めたら、動作への集中を妨げないように、支援者は声をかけないようにする必要があります。

　このように、教材教具を使った学習指導では、「何を使うか」ということよりも、個々の状態によってどのように働きかけを調節するか、ということが肝心です。同じ環境にいても、発達段階によって優先的に使われる感覚が異なり、感覚を通して感じとる世界が違うからです（ブルーナー、1968；鹿取、2003）。発達はなだらかに進むのではなく、節目を越え、質を変えながら、変化していくものです。教材教具の段階分けがあるとすれば、このような段階に応じたものになるでしょう。障害のある子どもは各段階に長くとどまり、その壁を乗り越えることが難しいために、それを手助けするような工夫もきめ細かく教えてくれるものです。子どもたちの視線が向かう先、手の位置や触っている物などにヒントが隠されています。日常生活の中では見逃してしまうそれらが、教材教具を仲立ちにするとはっきりと見えてくることがあります。また、働きかけの方法が間違っているときも、子どもは明確なメッセージを発信しています。「離席をする」「集中しない」「教材を投げる」などがそれに当たりますが、支援者側の「教えたい」、「子どもを変えたい」という思いが強すぎると、その真意が見えません。

　学習の主体は、子どもの側にあります。子どもは常に、物の扱いを通じてさまざまな発信をしています。それを受け止める大人のまなざしの中で子どもは育ち、物の扱いを通じて世界を広げ、学びの世界を発展させていきます。そして、親密な大人とのやりとりは、物を媒介とした活動の中で活発になり、他者に対する関心へと広がっていきます。繰り返しますが、学び、成長するのはあくまで子ども自身です。大人は、子どもが一歩前に踏み出すきっかけをつくったり、うまくいくように方向づけしたりすることしかできません。しかし、適度な手助けによって、子どもが自分で目標を作って課題に挑戦するようになれば、やがてそれは、認知の世界を広げ、変化する環境に対応する能力となり、生きることへの自信を培うことになるでしょう。

第2章
脳で見る世界

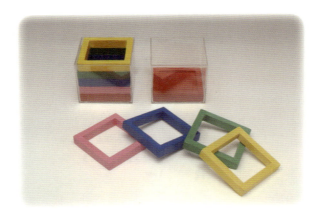

　障害のある子どもたちには、さまざまな形の発達のアンバランスがあります。そのことが、子どもたちの実態が誤解されやすいことの要因になっています。IQなどある検査で算出された数値や分類は、全ての領域がおしなべてその水準であることを伝えるものではありません。支援においては、「どこが不自由なのか」が重要ですが、特に「隠れた障害」といわれる知的障害や自閉症スペクトラム（ASD）においては、そのこと自体がわかりにくいといえます。
　Frostigら（1972）は、「視覚の問題は脳で起こるのであって目で起こるのではない」と述べています。知的障害において、視覚の問題は常に存在すると考えられます。本章では、学校などの現場で発達のアンバランスを発見する方法に触れながら、主として「見えているのにわからない」状態について述べていきます。

第2章
脳で見る世界

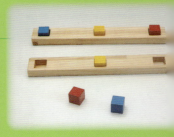

1　障害のある子どもの発達

　障害のある子どもたちは、単に定型発達の遅れた姿ではなく、さまざまな形の発達のアンバランスをもっています。言語と運動発達のアンバランス、視知覚と聴知覚のアンバランス、全般的な知的能力と対人関係スキルのアンバランスなどです。知的障害のある自閉症スペクトラム（ASD）では視覚を優先して使うことが多く（Quill, 1997）、学習障害のあるタイプや肢体不自由を伴う子どもでは聴覚を優先して使うことが多い（星野ら, 1992；大川原ら, 2008）など、感覚の使い方のアンバランスには、障害種の影響があることがよく知られています。

　詳細な研究からは、「言語」としてまとめられた領域内でも能力の乖離があることが報告されています。自閉症スペクトラムでは、豊富な言語表出に比べて、実用的コミュニケーションや言語の文脈の社会的使用、つまり相手の立場に立って話したり、言外の意味を想像したりすることに困難があることがよく知られています（Ozonoffら, 1996）。佐島ら（2004）は、知的障害を伴う視覚障害児においても、豊富な表出に釣り合わない概念形成の困難さがあるいうことを報告しました。検査のねらい（その結果が何を表すかということ）をあまり考えずに単独の検査から全体像を想像してしまうと、実践上では誤解と失敗を繰り返すことになるかもしれない、という警鐘といえます。

　学齢期に見られるASDの発達のアンバランスについてモデル図を描くと次のようになります。

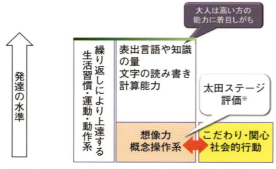

図2　学齢期に見られるASDの発達のアンバランス
※「太田ステージ評価」については、p.23、103を参照

　ASDを伴う子どもの知的発達はさまざまですが、片言でコミュニケーションできるようになるころから文字を読む子どもは少なくありません。また、毎日繰り返される生活習慣、走る、飛

ぶ、操作するなど運動系の能力は順調に発達し、小学生では生活年齢相当の動きができる場合もあります。一方、同じ言語系の能力であっても、「想像力の障害（Wing, 1987）」といわれるように、頭にイメージを浮かべて言葉を操作する能力（概念操作系）は伸びがたく、そのことが、社会的行動に強い影響を与えています。社会的行動は場を読む、相手の気持ちに合わせるなど想像力と直結しているからです。こだわりも、この世界もあの世界もある、といった想像力の乏しさからきていることは自明で、触ること、チラチラするものへのこだわりから、並べること、揃えることなど視覚的な秩序へのこだわり、手順や予定など予測に関するこだわり、通常学級でしばしばみられる「1番病」（1番にならないと気がすまない）など、目に見えない人間関係の優劣に関するこだわりへと、心の世界の広がりとともに変化していきます。本書で使っている発達評価「太田ステージ評価」は、シンボル機能、すなわち目に見えない心の世界の広がりを測るものですから、社会的行動とも強い関係を示します。筆者は、絵画語い発達検査（語いの知識を測る検査：上野, 2008）の結果と太田ステージ評価（概念操作の能力を測る検査：太田ら, 1992）の結果が、それぞれ発達年齢で12歳と2歳半を示した中学生の事例を知っています（立松, 2006）。「言語理解」という領域の中でも、個人内において、これほどの乖離があるということは驚きでした。この生徒は、テレビなどで報道される話題については実によく知っていました。しかし、学校では「わかっているのにできない、やらない」と評価されていました。特に、「椅子を机の中にしまって」など、空間関係の言葉の理解に困難があり、結果として指示にうまく応じられず、「かたまってしまう」ことがありました。

　文字学習においても、驚くべき乖離を発見することがあります。

　たとえば、初めて書いた「高井」という文字が、図3のようにバラバラになってしまう中学生の事例があります。

図3　初めて書いた友達の名前（上は見本）

　しかし、自分の名前は、これよりも遥かに複雑なのに正確に書くことができました。繰り返し書いているために手が覚えているのです。そのため、この子どもが普段書き慣れない漢字を書くことにひどく苦労しているということは、周囲に気づかれにくかったようです。

　これら、個人に内包された得意な部分と苦手な部分の差は年齢とともに広がり、成人では、高い方のスキルから期待される能力とのギャップが誤解や人間関係のトラブルにつながりやすく（しばしばできるのに怠けていると思われる）、社会適応に大きく影響します。このような二次的な困難が、障害のある人の人生をさらに大変にしていると思われます。

2　認知発達を実践的に捉える

（1）発達の順序性とアンバランスの混在

　このように、定型発達児に比較して、障害のある子どもには個人内能力に顕著なアンバランスがあります。しかし、その一方で、各々の領域の発達の順序性においては、定型発達児と同様で、少なくとも予測可能な成長のしかたをしています。たとえば、手の活動には、物に手を出し、口に入れたり、引っぱったり、横に払い落としたりなどがありますが、前述のように、最初は「自分-物」関係として口にもっていく活動があり、その次に引き寄せる活動（口ではないが自分の方へ）があり、座位ができるようになる頃から、叩きつける、打ち合わせるなど、物と物との関係を試す活動に、さらに、つかまり立ちの頃には、払い落す（自分のからだとは別方向へ）行為を盛んに行い、投げる行為を経て、「並べる」など空間をつなげる活動へと広がっていきます。その様相は、単に遊んでいる姿を観察するだけでもわかりますが、意図的に物を提示することによってより詳しく客観的に知ることができます。そのため、必然的に、教材教具の選択や工夫はアセスメントと一体です。支援者は、上記のような人としての発達の共通性・順序性をふまえた視点を学びつつ、学習を進めることになります。

（2）行動観察から得られる認知発達の指標

　「認知」とは、外界の刺激を取り入れ、その人なりに解釈することといわれています。各種感覚チャンネルを通して外界を「わかる」こととともいえます。上記の運動発達の順序性も、認知空間の広がりと関係しています。つまり、「わかる」世界の広がりに応じて運動の方向が多様になり、行動空間も広がっていくのです。このように、「認知」は、環境に適応しようとする人間の行動に大きな影響を与えています。

　筆者は、実践上の都合から、その能力を大きく「シンボル機能」（言語系）と「視覚-運動機能」（運動系）に分けて、子どもの認知発達を捉えています。

①　シンボル機能

　自閉症では特に発達しにくいといわれる「シンボル機能」（Jarroldら、1993；Castelloeら、1993；Wingら、1987；小山ら、2004）は、「言語など記号化されたものに伴ってイメージを浮かべる力（表象）」と説明されます。Piaget&Inhelder（1966）は、「言語、模倣、遊び、描画、イメージ」などにシンボル機能が現れると述べました。表象は具体的なものを手がかりとして育ち、概念形成、概念操作につながっていきます。「シンボル機能」は表情やしぐさ（心の動きを象徴するもの）から他者の意図を読み取る能力と重なって、社会的行動に強い影響を与えます。

　イメージを浮かべる力が弱いということは、「今ここ」にない世界がわからない、ということです。すなわち、目標や予定、人の思惑、暗黙の了解、世間の常識などがわからないので、行動はおしなべて自分勝手あるいは不作法に見えてしまいます。しかし、本人は予測がつかない不安でいっぱいなのです。

　太田ら（1992）は、ピアジェの理論を参考に、「シンボル表象機能」[5]の発達段階を「太田ステージ評価」を通して5つの段階に分けています（表1、操作法は巻末資料参照）。StageⅠは感覚

運動期に相当し、シンボル機能が認められない段階、StageⅡはシンボル機能の芽生え、Stage Ⅲ-1では名称の理解が増える段階、StageⅢ-2は基本的な概念が形成された段階です。Stageは、イメージする力の発達に伴う、心の世界の広がりを表します[6]。

表1　太田ステージ評価の定義と該当年齢・下位分類

Stage	定義	定型発達児該当年齢	下位分類	
Ⅰ	シンボル機能が認められない段階（無シンボル期）	0〜8カ月位	Ⅰ-1	泣く、うろうろする（人に発信しない）
		9〜12カ月位	Ⅰ-2	クレーン現象のみ（大人の手を引くが顔を見ない）
		13〜18カ月位	Ⅰ-3	指さし、手さし、身振り、サイン、片言
Ⅱ	シンボル機能の芽生えの段階	1歳半〜2歳位		
Ⅲ-1	シンボル機能がはっきり認められる段階	2歳半前後	Ⅲ-1（−） Ⅲ-1（+）	非関係づけ 関係づけ
Ⅲ-2	概念形成の芽生え段階	3歳〜4歳	Ⅲ-2（−） Ⅲ-2（+）	比較の基準の移動可 頭の中での大きさの比較
Ⅳ	基本的な関係の概念が形成された段階	4歳以上	Ⅳ-1 Ⅳ-2	数の保存不可 数の保存可

　表1の該当年齢は、個人の知的能力全般を示すものではないことに注意が必要です。ASDでは、単純な記憶や視覚的理解に強みがあり、これらの能力は比較的順調に発達します。しかし、シンボル機能の発達は他の領域と比べて著しく低い水準に留まり、「太田ステージ評価」はそのことに着目して開発されたものです（太田ら，1992）。つまり、「太田ステージ評価」は、知的障害やASDの最も苦手な伸びにくい部分を測っているといえます（図2参照）。

② 視覚-運動機能
　「視覚-運動機能」は、外界から入力された視覚情報を、脳で処理して運動として表出する能力といえます。当然のことながら、視知覚（見てわかる）機能の状態を反映し（Jarrold, 1993）、この機能が弱いと、着替え、食事、排せつ、遊びなど日常生活のあらゆる動作がぎこちなくなります。また、新しい環境では、段差や物の位置関係などがうまくつかめないので臆病になる様子がみられます。単に「見る」能力とは異なるため、周囲にその不自由さが理解されにくいといえます（Frostig, 1972）。
　シンボル機能の背景にある「模倣」も、この「視覚-運動機能」と強く関係し、シンボル機能と視覚-運動機能は、発達の初期段階では重なり合っています。しかし、年齢や発達の高次化に伴い、良好な視覚-運動機能に比べ言語理解が著しく遅れ、あるいは、言語理解に比べて作業能

---
[5] 一般に、記号化されたものと具体的な事象を結びつける機能をシンボル機能といいますが、Ohta（1987）は、言葉に限らず模倣などにも現れるイメージを表象して関係づける機能を総称して、「シンボル表象機能」と呼びました。
[6] 詳しくは太田らの著書や、前著『発達支援と教材教具』『発達支援と教材教具Ⅱ』をご参照ください。

力が著しく遅れるなど、発達の偏りが目立ってきます。

　筆者は、実践上の目安として、鳥の絵の補完課題（Task of Birds：TOB[7]）を「視覚−運動機能」の指標としています。鳥の腹の部分を補う見本動作により、子どもの描く軌跡はおよそ6つのタイプに分けられ、太田ステージ評価の5段階と組み合わせると、視覚−運動機能の発達だけでなく、言語理解と視覚−運動機能との乖離を目に見える形で知ることができます（表3）。言語理解に乏しく知能検査が実施しにくい子どもの認知発達を、学校など検査に長い時間をとることが困難な環境で、素早く把握するために便利なツールといえます。TOBの操作法と判定基準は以下のとおりです。

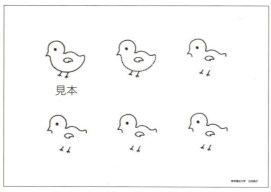

図4　鳥の絵の補完課題（TOB）

表2　TOBの操作方法と判定基準

操作法	支援者が介助しつつ、図4の上段左端（見本）の腹の部分をなぞる、上段中央は、必要があれば手伝う。上段右端から下段3つは、介助は一切行わないで自分で描かせる。「鳥のおなかを描いてね」などの言葉かけは自由に行う。
判定基準	見本動作の影響の少ない下段3つのうち、最も見本（上段左端）に近いものを採用して判定する。通過・不通過の基準は田中ビネー知能検査の「小鳥の絵の完成」にしたがい、始点と終点が結ばれ、印刷された線と描いた線の間が4mm以内なら通過とする。さらに描き方により、表3のように①から⑥の6タイプに分類する。

③　太田ステージ評価・TOBと年齢や言語表出との関係

　太田ステージ評価の定型発達における該当年齢は定義（表1）にあるとおりです。知的に遅れがある場合でも、年齢とともにStageが上がっていくことがわかっています（太田ら、1992）。

　一方、TOBも、その通過状況が発達を表しているかどうかの確認が必要でした。立松（2004）は、396名の定型発達児の調査により、まず、始点と終点を結ぶ、という通過条件（④タイプ以降が通過群）で、2歳半で42%、3歳前半で74%、6歳で98%通過することを確認しました。この結果から、TOBの通過年齢を3歳前半と考えると、太田ステージ評価のLDT-R3（操作法は巻末資料p103参照）の通過年齢と同じであることもわかりました。

　描画のタイプは、およそ6タイプに分けることができました（表3）。殴り描きの段階（①）、

---

[7] 鳥の絵の補完課題：Task Of Birds（TOB）。竹井機器工業製作所「PLM知覚−学習シート」の課題No.36を改変したもの（立松、2004、2011）。田中ビネー知能検査の課題「小鳥の絵の完成」に類似し、通過年齢もほぼ同じ。

1点に注意が集中するタイプ（②）、線のみをなぞるタイプ（③）、始点と終点を結べるが線が揺れたり、足から離れたりするタイプ（④）、足を囲むタイプ（⑤）、安定して丸い形の腹を描くタイプ（⑥）で、TOBで表される視覚-運動の能力が、一定の経過をたどって完成形に近づいていくことが推測されます。年齢ごとの各タイプの人数を調べると、2歳から6歳の幼児期に、およそ①から⑥の経過を経て完成形に近づいていくことがわかりました（表4、立松・太田, 2009）。

表3　TOBのタイプ分け

判定	不通過			通過		
タイプ	①	②	③	④	⑤	⑥
描画						
説明	（上）全般を殴り描き（中）周辺を描く（下）線を引くがつながらない	目立つ部分のみ描く	描かれた線をなぞるのみで欠けた空間を描かない	始点と終点が結ばれているが、足との隙間が2mm以上空く、描線の端が始点や終点からずれる、線が揺れる	足を囲む	安定した描写

表4　TOBのタイプと年齢

n＝481

	①	②	③	④	⑤	⑥
2歳児	21	2	1	11	5	0
3歳児	29	2	7	77	31	2
4歳児	9	0	14	76	17	36
5歳児	2	0	2	50	2	57
6歳児	0	0	0	7	0	21

$p<0001$, χ^2-test

加えて、言語表出との関係においても、TOBの通過群（④、⑤、⑥）は、不通過群（①、②、③）よりも有意に「普通に話す」が多いということがわかりました（表5）。

表5　言語表出とTOBの通過

n＝392

	不通過群	通過群
普通に話す	39	301
2語文以下	16	36

$p=001$, χ^2-test

このように、定型発達児における調査は、生活年齢や言語表出などの発達指標とTOBのタイプが強く関係していることを示しています。
　一方、知的障害児を対象に調べてみると、太田ステージ評価でわかる言語理解の水準にTOBの結果が明らかに釣り合わない事例が見られます。
　6歳0カ月から15歳9カ月（平均11.7カ月）の知的障害児259名（男189名、女70名）を対象に、太田ステージ評価とTOBを実施し、StageとTOBのタイプとの関係を調査しました。その結果、TOBの描画は、全般的にはStageと密接に関係しながら高次化することがわかりました（表6）。

表6　知的障害児におけるStageとTOBの関係

n＝259

TOBのタイプ/Stage	①	②	③	④	⑤	⑥
Ⅰ	80	0	0	2	1	1
Ⅱ	15	2	2	3	1	1
Ⅲ-1	19	1	16	10	3	4
Ⅲ-2	9	0	9	38	1	8
Ⅳ以上	4	0	3	6	1	19

$p<0.0001, \chi^2\text{-test}$

　しかし、その一方で、StageがⅣ以上（日常会話が可能）でTOBが①タイプ（殴り描き）の4名は、視覚運動機能の特別な遅れが疑われますし、逆にStageⅠやⅡでTOBの完成形が描ける2名は、言語機能に比べて視覚に依存する能力が顕著に高いことを示しています。なお、後者の2名はASDを合併していました。

④　TOBと行動との関係
　さらに、知的障害を伴う対象で、改訂行動質問票[8]（CBQ-R：自閉症様の行動を調べる質問紙法による調査票）、及び本郷（2016）による「気になる」行動質問票（保育所等での「気になる」行動についての質問紙法による調査票）で調べてみると、各タイプの行動特徴も見えてきました。
　①タイプの多くがStageⅠ（無シンボル期あるいは感覚運動期）であることから、CBQ-Rや「気になる」行動の総得点が高いのは妥当です。しかし、自閉症を伴わない群で調べてみると、本郷一夫版「気になる」行動質問票の得点は、⑤タイプで最も高かったのです。⑤タイプは、定型発達児では3-4歳に約20％存在し、発達の一過程と考えられますが、知的障害のある子どもでは空間の位置関係の把握困難が、集団の中での「気になる」行動に影響を与えていることが示唆されました（表7、立松・太田, 2010b）。

---

[8] 改訂行動質問票（CBQ-R）：巻末資料（p105）参照。

表7 「気になる」行動質問票の結果（非ASD群）

TOBのタイプ	①	②	③	④	⑤	⑥
人数	72	6	16	40	5	6
気になる行動総得点の平均	59.1	53.2	54.3	61.5	97.3	51.0

　この調査では、⑤タイプはわずか5名で、この5名が特別な事例なのか、⑤タイプの一般的な事例なのかはこの調査からはわかりませんが、これらの子どもの日常行動については、担任が以下のような報告をしています。

表8　⑤タイプの臨床像

- 言葉の発達に比べ、数に弱く、5までの数の操作も不安定。
- ていねいに書くことや数の学習に自信がなく、学習への拒否感が強い。
- 自信をもっている学習には積極的に取り組むが、自信がない学習には拒否的。教室移動時などに逃げてしまい、自分から帰ってくることがない。
- することを理解していても、よく間違える（トランプを同数ずつ順に配るなど）。
- 荷物の管理ができず、よく物を壊す。
- 注意されるとかんしゃくを起こし、注意した人物や物にイライラをぶつける。

3　TOBの各タイプに現れる学習上の困難

　TOBの事例により、各タイプの行動特徴や学習上の困難について見ていきましょう。前項の研究を背景として、筆者なりの解説を添えました。

①タイプ

　①ペンをもって描く前に、紙をもって振り回したり、払いのけたり、破くことを楽しむ段階（p39、41参照）があり、その後、②全体への殴り描き、③個々の鳥への殴り描きとなります。この3段階に発達の違いはありますが、6タイプの分類上1つにまとめ、①タイプとしています。以下、個々の鳥に対して働きかけようとした、Stage I‐3の事例について解説します。

◆Aさん　7歳男（Stage I‐3：指さしが出てきたところ）

図5　①タイプ-（3）：個々の鳥を描こうとする

<担任の報告>

　4月は発信行動に乏しかったが検査実施時（6月）には指さしによる表現があり、太田ステージ評価のLDT-R1は6問中3問まで指さしで応えることができた。日常生活全般で自ら取り組むことが難しい。緊張しやすく、不安になったとき、担任や他の友達を攻撃する。過去に大人に言われた言葉を抑揚なく言っていることがある。模倣は得意。絵カードや顔写真カードなどの理解を促したい。

<CBQ-Rで「非常に目立つ」に丸がついた項目>

・人を押したり叩いたりつねったりする。
・物を投げたり、叩いたりする破壊的行為がある。
・不安になったり怖がったりしやすい。

<解説>

　遅延エコラリー（過去に聞いた言葉を繰り返す）があるので、指示が理解できると期待され、言葉かけによる指示が多くなりがちな事例かもしれません。
　シンボル機能が育つきざし（模倣が得意、絵が1つ1つまとまって見えている、始点と終点を結ぶという他者の意図に応えようとしているなど）がありますが、表現手段に乏しく、これから起こることへの予測が困難なことも、不安や緊張の背景にあると思われます。自傷（意識が自分に向かう）よりも他害（意識が他者に向かう）の方が、外界への関心の強さを表し、コミュニケーションスキルを教えることによって軽減しうる可能性を感じます。指さしや身振りなどが定着して気持ちが伝えられるようになり、教室では次の活動を予測するための手がかりがあると、不安が減って他児への攻撃が軽減されるかもしれません。コミュニケーション手段としては、絵カードや写真カードよりも身振りや実物を渡すなどの方法を考えてください。絵の理解につなげるためには、さす、入れる、はめるなどの操作（太さの違う棒さしの課題など）を通じて注視を促し、「できた！」（視線）「できたね！」（拍手）というやりとりにつなげます。

②タイプ

目や羽、足など、目立つところを部分的に描いています。小さな部分に着目すると、他に注意が向きにくい特性が現れています。

◆Bさん　7歳男（StageⅡ：要求を伝えようとする発声や言葉がある）

＜担任の報告＞

指さしで要求を表現する。話したい気持ちがあるが、うまく発語できない。時々目の焦点が合わず、ボーッとする。色がわからない、視野が狭い、廊下などで真ん中を歩けず、すぐに端に寄ってしまう。大人を頼って行動することが多く、しばしば「指示待ち」になる。興奮すると隣にいる友達を叩くことがある。

図6　②タイプ：細かい部分に注目する

＜CBQ-Rで「少し目立つ」に丸がついた項目（「目立つ」「非常に目立つ」はない）＞

・言葉はあるが会話にならない。
・自分の体を叩いたりする自傷行為がある。
・人を押したり、叩いたり、つねったりする。
・食べ物に好き嫌いがある。
・においをかぐくせがある。
・動きが多く、落ち着かない。
・手先の細かい作業や身のこなしがぎこちない。

＜解説＞

　殴り描きから線をしっかりと見てたどるまでの間に、細かい部分や目立つ部分にのみ注目する段階があるようです。一度見るとそこに注意が集中し、他の部分と比べたり見回したりしながら全体の中の部分を把握するということができません。

　「視野が狭い」というのは、見える範囲が狭いというよりも、注意を向けられる範囲が限られる（認知の空間が狭い）と考えた方が妥当です。教材などの提示は一目で全体が目に入る位の小さな範囲にした方がよく、大きな教材よりもつまめるような小さな教材が適しています。CBQ-Rからは、味覚・嗅覚など近位感覚へのこだわりが残り、視覚的な秩序（そろえたり並べたり）に関心が発展するのはこれからといえます。まとまりのある行動につなげるためには、姿勢を整え、A4サイズ位の学習枠を使い、操作と結果の関係がわかりやすい教材（入れたら音が鳴るなど）で、行為の始めと終わりを意識させるようにします。認知空間を広げるためには、触覚の助けを借ります。目よりも上、肩幅より外側のものを意図的に触らせることにより、認知の世界が広がってきます。見えないものを想像する力や認知の世界の広がりにより、予測できないことへの不安が減って、興奮も軽減されると考えられます。

③タイプ

　見えている線のみを忠実になぞっています。見本動作で腹を描いているにもかかわらず、見えない線を意識することができません。

◆Cさん　7歳男（StageⅢ-1：物の名前の理解がある）

図7　③タイプ：見えている線のみをなぞる

＜担任の報告＞
　マッチングや数字並べが得意。オウム返しが多い。1から10までの数字を順に並べることができるが、「1はどれ？」と尋ねられて正しい数字を取ることはできない。新しいことや新しい場所が苦手。不安になると耳ふさぎをする。一度外出して帰ったらその日はおしまい、というように、自分で行動パターンを決めてしまい、周囲の動きに合わせることは難しい。

＜CBQ-Rで「非常に目立つ」に丸がついた項目＞
- 会話がパターン化したり奇妙であったりする。
- 特定のものに強い愛着を示す。物の置き方や順序にこだわる。
- 耳を覆ったり、音に不快を示す。
- わけもなく笑ったり泣いたりかんしゃくを起こす。
- ごっこ遊びや人とやりとりする物まね遊びをしない。

＜解説＞

　見えているものを忠実に描き、見えない線は描かないことは、「今、ここにある世界」が全てで、見えない世界をイメージすることが困難かつ、視覚に強く依存していることを示唆しています。マッチング、数字並べが得意なことも、視覚を優先して使う認知の特徴といえます。物の配置（見え）へのこだわりが強いときは、並べる、揃える、しまうなど、社会生活に必要な生活スキルを育てるよい機会と思います。
　StageⅢ-1ではオウム返し（聴覚刺激の即時模倣）が多く、言葉の機能に気づいていたとしても、聞こえた言葉をすぐに理解することは苦手です。そのため、なおさら見えているものに頼る傾向が強くなります。活動が始まったら物（材料）が見える限りやろうとするのもこの段階の特徴で、「終わり」を決めるには視覚的な手がかり（材料を見えなくするなど）が必要です。周囲の状況を視覚で理解しようとするだけに、言葉の指示が理解の邪魔になることがあります。わけもなくかんしゃくを起こすのは、ざわついた雰囲気が我慢できなくなってのことかもしれません。まだ友達と遊ぶにも支援が必要ですので、大人との関係から子ども同士の関係に関心を広げる取り組みが大切です。行動パターンを自分で決めるのは、内的なイメージが育ち始めたためと考え、絵カードなどで予告をしながら少しずつやりとりに結びつける工夫が必要に思います。

第2章 脳で見る世界

④タイプ

　始点と終点が結ばれ、課題の通過条件を満たしていますが、線が揺れる、足との間に隙間が空くなど、注視・追視の不安定さが現れています。

◆Dさん　8歳女（StageⅢ-2：2語文以上で会話をする）

図8　④タイプ：始点と終点が結ばれているが線が揺れる

＜担任の報告＞

　興味が移り、着席が長続きしない。気分のムラも多く、活動の流れに乗れないことがある。自分ですることの順番を決め、それにこだわる。反面、評価を気にして、競争で負けると泣いたりすることもある。友達の行動が気になり、特にルール違反を嫌がる。注意が散りやすい反面、天井のしみや、床に落ちているゴミなどをじっと見ていることがある。

＜CBQ-Rで「目立つ」「非常に目立つ」に丸がついた項目＞
・動きが多く、落ち着かない。
・奇妙なものに執着する。
・物の置き方や順序にこだわる。
・耳を覆ったり、音に不快を示す。
・人を押したり、叩いたり、つねったりする。
・物を投げたり、叩いたりする。
・勝手に飛び出し、どこかに行ってしまう。

＜解説＞

　始点と終点を結ぶという課題を理解し通過していますが、まだ視覚が不安定で、安定して手の動きを追えないことが現れています。ちょっとした刺激で注意が移ってしまうことが、落ち着きのなさにつながっているようです。イライラが人に向かうようですが、人の評価を気にすることは、集団の中での自分を意識する社会性が育っていることを意味しています。

　物の置き方や順序（見え）にこだわるのは、視覚が不安定なことと無関係ではないようです。注意が散りやすい反面、視覚をひきつけるものには関心を持続し、それらを通して、自分なりにものの見方を学んでいるようです。音への過敏があり、多くの刺激があるところではイライラがつのります。一度に多くのことを要求せず、課題や指示は刺激や要素を少なくして伝えることで、情緒の安定が得られます。

　他者の評価を気にしていますので、ほめるときは人前でほめると効果的です。

⑤タイプ

　小脳変性を伴う事例です。始点と終点が結ばれ、課題の通過条件を満たしていますが、描線が大きく広がり、足を囲んでいます。腹を描くという課題が理解できないわけではないのですが、足と腹の位置関係が逆転して認知され、また、視覚が関与する運動のコントロールがうまくいかないようです。

◆Fさん　7歳女（StageⅢ-2：2語文以上で会話をする）

図9　⑤タイプ：始点と終点が結ばれているが足を囲む

＜担任の報告＞

　3つ位の単語を記憶できる。お手伝いに興味が出てきて、自分なりの創意工夫をしようとするが、長続きしない。気分にムラがあって行動に一貫性がない。作業課題では、新しい課題を見せるとしりごみをする。微細運動はがんばればできるが、難しいので、本人に負担をかけないような学習を見つけてやりたい。

＜CBQ-Rで「目立つ」「非常に目立つ」に丸がついた項目＞
・視線が合わない。
・注意が散りやすい。
・手先の細かい作業や身のこなしがぎこちない。
・気分が落ち込む時期や高ぶる時期がある。
・不安になったりこわがったりしやすい。

＜解説＞

　空間の位置関係の把握に困難があるため、聴覚からの入力（言葉）の方が通じやすく、見本動作による教示は通じにくいと思います。手を使った運動を通して理解する方が負担が少ないので、興味をもった作業課題については最初は手を持って教え、操作（触覚と運動）により視覚的認知の弱さを補っていきます。教材には感触のよいものを使う必要があります。微細運動が苦手であれば、粗大運動の中でも「よく見る」「身体と物との関係を視覚で把握する」などの学習を行うことができます。たとえば、バーをまたぐ、線の上を歩く、フープの中に足をおきながらフープを渡っていく、などです。

　空間関係の把握がうまくいかないと、新しい場所や新しい課題では物の位置関係はわからず不安なものです。初めての場所では一緒に壁を触りながら歩くなどして、触覚と運動により空間を理解させ、不安を軽減します。

第 2 章　脳で見る世界

　以下は、4歳の後半に⑤タイプを描いていた定型発達児（女児）の事例です。描画や文字から空間関係や方向（向き）の把握の困難が、約1年半かけて収束していく様子がわかります。

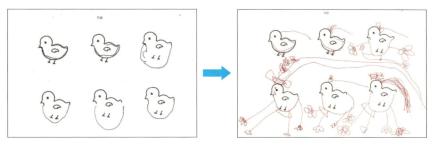

図10　⑤タイプを描く（4歳8カ月）　　図11　イメージを付け加える
　　　　　　　　　　　　　　左を描いた直後に新しいシートで右を描き、
　　　　　　　　　　『おはな』と繰り返しながらイメージを付け加えた（4歳8カ月）

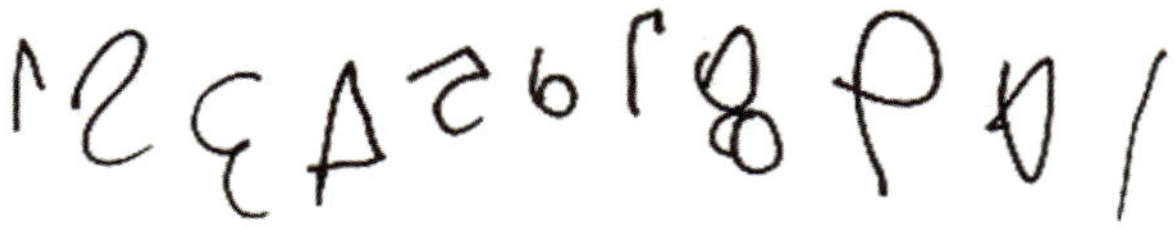

図12　数字の左右反転（5歳10カ月）

図13　文字の左右反転（5歳10カ月：けいき、りんご、いちご　など）

図14　一部を残して正しい向きになる（6歳1カ月）

33

図15　目の前にない世界をイメージして描く（6歳1カ月）

　4歳8カ月時の上下の反転（足と腹）が、5歳10カ月には左右の反転になり、3カ月後に通常の向きになりかけています。その頃、目の前にない世界をイメージして盛んに絵を描く様子が観察され、イメージの発達が空間関係の把握に強く関与していることが示唆されます。

　4歳のときから、この事例は熱心に絵を描いていました。文字が書けるようになってからは、毎日文字や数字の写し書きをしていました。その間、保護者は本人が書いた文字に対し「向きが違ってるわよ」などと言わないようにして、単に正しい文字の見本を示し、ノートを用意していつでも書けるようにしていました。成果を見せにきたら（反転していても）、驚くようにして感心するという態度を保ちました。

　定型発達児では、このような視知覚の歪みは発達の一過程と考えられますが、障害のある子どもの場合は、その状態に長く留まることに注意が必要です。その間、わからないことによる混乱や恐れが常にあり、失敗経験が重なれば、自ら学ぼうという気持ちも萎んでしまいます。⑤タイプの気分のムラやしりごみは、そのようなことを背景としている可能性を否定できません。

4　触-運動感覚を通した学習の重要性

　知的障害やASDを伴う子どもにかかわる専門家なら、言語理解の困難は主症状の1つとして誰もが了解し、それを補う手だてや工夫は各地で行われています。特に、TEACCHプログラム（Schoplerら，1995）が普及して以来、ASDに視覚支援が有効だということが一般的に知られるようになり、特別支援学校では、視覚を通じた理解を支援する教材が豊富になりました。視覚支援は、ASDだけでなく、言語理解に乏しい子どもたち全般に有効であり、そのような配慮のある環境では、子どもたちはより安心して学習しています。

　しかし、一方で、「視知覚（見てわかること）のつまずき」についてはどうでしょうか。前項で述べた、「見つけることはできるが見比べができない」「見えるが位置や方向がわからない」ことについての現場の気づきは、まだ十分ではないようです。当然のことながら、「視知覚のつまずき」に対して、視覚に訴える教材は有効とはいえません。加えて、年少の子どもや知的障害を伴う子どもでは、音声言語を通じて伝えられる内容の理解にも制限があります。佐島ら（2004）は、視覚障害に知的障害を伴う子どもを対象に、「認知発達の初期段階の学習、特に比較概念形成以前における触-運動感覚を通した認知学習は特殊な工夫が必要であることを実感する」と述べています。Frostigら（1972）が「視覚の問題は脳で起こるのであって、目で起こるのではない」と述べたように、知的障害のある子どもおいては「見てわかることの困難」は、特別なことではありません。わからないので視覚教材から目をそむける子どもに対しては、触覚や運動を通して視知覚の機能を育てる必要があると考えます。

　ここで、特別支援学校の対象となる知的障害の状態を、学校教育法施行令第22条の3より、振り返ってみます。

表9　学校教育法施行令第22条の3の表（一部抜粋）

知的障害者 1　知的発達の遅滞があり、他人との意思疎通が困難で日常生活を営むのに頻繁に援助を必要とする程度のもの 2　知的発達の遅滞の程度が前号に掲げる程度に達しないもののうち、社会生活への適応が著しく困難なもの

　「教育支援資料」（文部科学省，2013：本書p101参照）では、「『日常生活を営むのに頻繁に援助を必要とする』とは、一定の動作、行為の意味、目的、必要性を理解できず、その年齢段階に標準的に要求されるに日常生活上の行為に、ほとんどの場合又は常に援助が必要である程度のことをいう」としています。また、「『社会生活への適応が著しく困難』とは、たとえば、低学年段階では、他人とかかわって遊ぶ、自分から他人に働きかける、友達関係をつくる、簡単な決まりを守って行動する、身近な危険を察知し回避する、身近な日常生活における行動（身辺処理など）が特に難しいことなどが考えられる」としています。視覚-運動機能は、運動を伴うこれらの全ての活動に関係しています。視覚により調整された協調的な動きの困難は、子どもの社会的活動に大きな影響を与えていると考えられます。

第3章
子どもが席を立つ理由

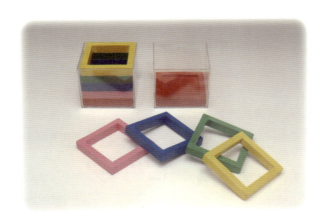

　ここまでは、シンボル機能の遅れだけでなく、視知覚（見てわかること）や、視覚-運動（見て確認した対象に合わせて体を動かすこと）の困難が、学習上の困難や社会参加の困難につながりやすいということを述べてきました。本章では、障害児基礎教育研究会で考案された教材教具に基づき、実際の学習場面に即して解説します。ここでは、教材教具の特性に関して、3つの段階に分類しています。およそ、「触ってわかる段階」は太田ステージ評価でStage Ⅰ、「見てわかる段階」はStage Ⅱ～Ⅲ-1、「言葉とイメージでわかる段階」はStage Ⅲ-2以上としていますが、ASDでは、Stage Ⅰ-3でもマッチング課題（見てわかる）に応じますし、視覚-運動機能の弱い子どもでは、Stage Ⅲ-2以上で比較概念を理解していても、棒さしやはめ板による学習が必要な場合があるなど、発達のアンバランスによって調節が必要なことにご注意ください。

第3章
子どもが席を立つ理由

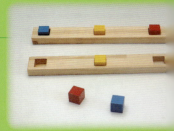

1　3つの発達段階

　認知心理学のパイオニアといわれるブルーナー（Bruner, 1968）は、人がもつイメージ（表象：representation）の発達を行為的表象、映像的表象、象徴的表象の3つに分け、それぞれの間に起こる矛盾や不均衡を調整しながら子どもの発達が進んでいくと述べました。

　行為的表象（enactive representation）とは、行為や動作を媒体とした表象です。物を見たときに、「手を伸ばせば届く」ということがわかるのは、行為を通して繰り返し学んだ運動の感覚の記憶（イメージ）があるからです。**映像的表象**（iconic representation）とは、事物や事象が映像的なイメージとして浮かんでくるものです。1歳児が携帯電話を見て耳に当てようとするのは、大人の行為の映像的表象が携帯電話を通して頭に浮かび、行為的表象を使いながら体で再現しているといえます。**象徴的表象**（symbolic representation）とは、言葉や記号を媒体とした表象です。「りんご」と聞いてりんごの姿や匂いや味が頭に浮かぶのは、象徴的表象の作用です。ブルーナーによれば、2歳未満では行為的表象が優先し、その後映像的表象が優位になってきます。2歳未満の子どもは、感覚と運動を通して外界のしくみを学び、そのことを通して身についた映像的なイメージを、頭の中に蓄えていきます。

　行為的表象や映像的表象の蓄積は、現実から離れた物事への思考を可能にします。言葉を媒介として、「考える」ことが可能になるのです。こうして、次第に目の前の事象に縛られない「**象徴的思考**」が、知的活動の中核となっていきます。

　私たち大人は、これら3つの機能を自在に組み合わせ、相互作用させながら、変化する現実に対応しています。しかし、子どもの発達は、まだその途中です。したがって、行為的表象が優先する段階では、体の動きや物のやりとりなど、触覚や運動を中心とした働きかけが効果的ですし、映像的表象が優先する段階では、言葉のみの指示よりも、絵や写真などを添えた指示の方が、こちらの意図がよく伝わります。しかし、時間の感覚、人の気持ち、暗黙の了解、世間の常識など、目に見えない世界の理解は、象徴的表象段階に至るまでは難しいといえます。

　立松（2011b）は、実践を通して、概念形成期の子どもの世界を「触って（動かして）わかる世界」「見てわかる世界」「言葉とイメージの世界」に分けました。この視点で見ていくと、学習指導のさまざまな場面で、子どもたちがその違いを自発的に教えてくれていることに気づきます。子どもたちはしばしば、自分の住んでいる世界を越えた課題を出されたときに、「席を立つ」「教材を投げる」のです。それは、言葉が十分に機能しない子どもたちの、精一杯の表現であると考えられます。「太田ステージ評価」はこれらの段階を操作的に分ける道具といえます。

　表10は、3つの世界と子どもの活動を整理したものです。それぞれの段階で優先される活動を

示したものであり、たとえば、「見てわかる世界では、触覚や運動を使ってわかろうとする様子が見られなくなる」という意味ではありません。

また、著しい発達のアンバランスのある子どもでは、運動の発達が必ずしも太田ステージと一致しないことに注意が必要です。

表10　認知の世界と子どもの活動

認知の世界	触って動かしてわかる世界		見てわかる世界	言葉とイメージの世界
太田ステージ	Stage I-1～I-2	Stage I-3	Stage II～III-1	Stage III-2 以上
人への志向性	物と活動しているときには人に注意を向けない	できたときに人の顔を見る	大人との関係が中心	友達の動きを参照する
活動の方向	自分に向けた方向付け／外側に向けた方向付け	縦方向の活動	横方向の活動　平面を把握する活動	見えないもの（言葉や時間）に合わせる
好む活動	つかむ⇒口に入れる／つまむ⇒口に入れる／かき寄せる／引っ張り出す／振り回す／つかむ⇒放す／つかむ⇒払いのける／投げる／すべらせる／横方向の往復殴り描き	穴に落とす／さす／上から叩く／上に積む／向こう側から手前に向けた線引き	見比べる／打ち合わせる⇒揃える／方向を調整しながらはめる／並べる⇒順に見る／輪郭をたどる／形のマッチングをする	音の合図で動く、止まる／数唱に操作を合わせる／隠れた物の名称や数を当てる／一定の数で止まる／運動と視覚・聴覚の統合（音に合わせて足跡の上を歩く等）
実際の様子	触覚と運動に集中し、注視しない／バチと太鼓の関係づけができず、口に入れる／LDT-R1の検査用紙を振り回す	チラリと見て手を持っていく／缶にビー玉を落とす　缶に手が触れるとよく見る／注視するが他は見ない／はめ板を上に積もうとする	視覚と運動の統合／間を飛ばさないでさす／8の字など交差した運筆は困難。丸を2つ描く	視覚・聴覚と運動の統合／数唱に指の操作を合わせる／音に合わせて足跡の上を歩く

これらの活動に熱中しているときは、大人の支援を拒むことがあります。自分で学習したいという強い気持ちを表す行動ですから、ネガティブに捉えないことが大切です。

写真10　大人の手出しを拒む

2　触ってわかる世界で

(1) 子どもが席を立つ瞬間①

　質の異なる世界の壁を乗り越えようとするとき、子どもの情緒は不安定になり、不用意に目標を引き上げようとすることで席を立ち、それを繰り返すと学習が嫌いになることがあります。

　一般に、目と手の運動の調整が難しい場合、「さす」ことにより視線が操作の対象に固定されやすいので、たとえば、写真11のような棒さしによる弁別教材（円柱と四角柱・三角柱を区別する）が効果的です。子どもは、棒を穴に押しつけて入るか入らないかを判断し、やがて、棒に角がある、ない、で区別するようになり、次に、先に○を続けて入れてから、後に△や□を続けて入れるようになります。このように、最初は触覚の違いを区別し、その後、視覚を優先的に使うようになります。

写真11　円柱、三角柱、四角柱の棒さし

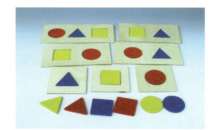

写真12　○△□のはめ板

　同じ○、△、□の区別でも、はめ板（写真12）は、より平面に近く、視覚が関与する余地が大きいといえます。しかし、はめ板の角を指先で触ったり、押しつけて入れる様子があれば、まだ**視覚は二次的に使われている**と考えられます。

写真13　切片パズル

　さらに、はめ板を押しつけずに入れるようになったとしても、「切片パズル」（写真13）に変えたとたんに子どもが不安定になることがあります。切片パズルでは、1つ1つの切片の形に頼って入れようとすると、絵をうまく合わせることができません。触覚を使った方法では、「できた」という実感が得られないのです。

写真14　色の振り分け課題

　しかし、支援者がこのような課題の質の違いに気づかず、うっかり写真14のような「振り分け課題」を提示すると、子どもの集中が途切れ、それまで一心に教材を見ていた視線が宙に浮いたり、すっと席を立ったり、いきなり教材を払いのけることがあります。

　切片パズルと同じく、「振り分け課題」には操作が合っていたかどうかについての触覚のフィードバックがありません。触覚にあまり注意を払わない大人にはその違いがわかりにくいものですが、目を閉じてやってみれば**「触ってわかる」教材**との明らかな違いが実感できます。写真14はつかんだときも置いたときも同じ感触であるため、それまで触覚に頼ってものの違いを分けていた子どもは、違いを分ける手がかりを失って、戸惑い、混乱してしまいます。

（2）立体と平面の違い

　加部（2009；2013）は、生後10カ月位の定型発達児では、視覚でわかる「色」よりも先に、触覚でわかる「形」を基準に物を分けることが多いと報告しています。感覚運動期の子どもは、平面の課題に取り組む前に、入れたり、振ったり、握ったりしながら、物の性質を学んでいるといえます（写真15、16）。

写真15、16　絵シートの課題に興味をもたずに振り回したり丸めたりする定型発達児（1歳2カ月）

　この子どもたちは、日常生活の中では好きなものはすぐに見つけますし、ぶつからないように物をよけたり、体の向きを変えたりすることもできます。振り分け課題ができない子どもは必ずしも目が悪いわけではないのです。しかし、写真13の切片パズルでは、切片をひっくり返したり、回したりして、明らかに触覚を優先的に使って対応しようとする様子を見せます。教材教具の扱いには、必ずその子どもの認知の状態が現れます。このようなとき、教材教具はアセスメントの道具になっているといえます。

3　見てわかる世界で

（1）子どもが席を立つ瞬間②

　物を振ったり投げたり、打ちつけたり、入れたり落としたりする手の活動を通して視覚の機能は次第に高まり、色の違いに気づくようになる頃には、視覚を使ったマッチングや分類に関心が移っていきます。操作に合わせて、支援者が「あか」「あお」などと声をかけると、楽しそうに「あか」「あお」などと復唱する場面も見られます。

　しかし、前項で述べたように、「触ってわかること」と「見てわかること」には質的な違いがあるのと同様に、「目の前に実体として存在しているものを扱う」ことと「実体のないイメージを扱う」ことにも質的な違いがあります。

　目で見て分けることと、言葉の指示で物が取れることとは全く別の機能です。色の分類課題のあとに、「赤をください」と指示すると、途端に席を立ったり、集中が途切れることがあるのは、子ども自身が、「わからない（言葉から求められているものをイメージすることが困難）」ことを敏感に感じているからと考えられます。

　また、たとえ視覚と操作で応じる課題であっても、写真18のように、目の前の形状を離れ、見た目が違うものをある基準（言葉）にしたがって分類するときには注意が必要です。写真18では、課題を分ける基準（かたち）は支援者の頭の中にあります。子どもは○のグループの横に△のグループがあることを視覚的手がかりとして応じるかもしれませんが、その場で「今度は色ね」など分類の基準を変えることを繰り返すと、忍耐強い子どもも次第にそわそわし、泣き出しそうになってきます。

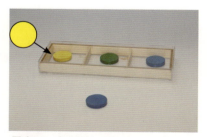

写真17　色も形も同じことが「同じ」

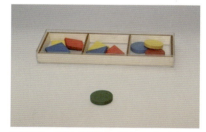

写真18　形を基準に異なる色を同じとする

　教材教具は、できることとできないことの合間を埋めるように工夫して、子どもの動揺を緩和するように使うこともできます（第4章参照）。写真19は、触覚により同じ形と判断して積み上げる教材で、写真17と写真18の間に使うと効果的です。教材を持ったときの感触と見た目のぴったり感により、色が異なる違和感が緩和され、子どもは安心して応じることができます。

写真19　同じ形で集める

第3章　子どもが席を立つ理由

(2) 目の前にないものの理解

「見てわかる世界」、すなわち、目の前のものを手がかりに物事を考えている子どもに、不用意に想像力を要求する場面は、日常生活の中にしばしばあります。たとえば、担当者が替わったり、日課を突然変更したりするなどの場面です。

そのような場面では、概念形成の直前、太田ステージ評価[9]でStageⅡからStageⅢ-1にあたる子どもの動揺が顕著です。この子どもたちは、物に名前があることはわかり、日常の文脈の中では言葉の指示を解するように見える子どもたちです。

しかし、この段階では、目の前の現実から独立して言葉で考える機能が弱く、目の前にあるものや習慣化された動作の記憶を頼りに外界に対応しています。そのため、人、場、あるいは予定の変更など、予測できない事態に対しては、混乱して座り込むことがあります。言葉のみでは新しいイメージをもつことが困難なのです。予定の変更に弱いという特徴は、ASDではよく知られていますが、2-3歳児や言語発達の未熟な知的障害児にもそのような傾向が見られます。

StageⅢ-1では、日常生活においては「待つ」ことが苦手で、ゴールがわかるとすぐにそこに向かおうとする様子がしばしば観察されます。2語文程度の表出があり、単語の理解があっても、概念的操作が困難な子どもは、一度起こした行動を止められません。一般にこの段階では、最初に思ったことをそのままやろうとし、そこに言葉がかかると、たとえそれが制止の言葉であっても、ますますそれをやり通そうとする傾向があるといわれます（Luria,1982）。

また、たとえば、写真20のように、指定された数だけ玉をさす課題では、そこにある玉全部を入れてしまうまで行動は止まりません。目の前に材料があれば、なくなるまでやってしまおうとするのです。動作は瞬発的で、その場で示された見本動作をまねることはできても、ゴールに到達するまでの過程（時間の経過）にある、いくつかの手順を整理することは困難です。

TOBの③タイプの描画には、このような、目の前に存在する事象のみにとらわれ、それに向かって直進する行動特性が現れています。図16は、StageⅢ-1のASDの子どもにTOBを実施したものです。上段左と中は、介助して動作見本を示したもので、独力で描いた鳥は、全て見えている線のみをなぞり、線のない部分（腹）を描いていません。

写真20　1個から5個までの輪を縦に入れていく課題だが、1個ずつ横に入れて、玉がなくなるまでさしていく

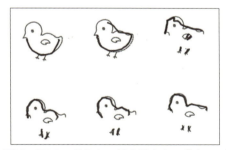

図16　TOB：見えない線を描かない③タイプ（上段左と中は介助して正しい動作を教えたもの）

---
[9] 太田ステージ評価の操作法については、巻末資料参照。

表6（p26）の調査の結果にも、見えている線だけなぞる③タイプは、Stage ⅠとStage Ⅱではわずかで、Stage Ⅲ-1で最も多いことが示されています。

　この子どもたちは、目の前にないことを想像することの困難さを背景に、ひとたび経験のない場面になれば、「かたまる」「座り込む」などで切り替えの難しさを訴え、新しい学習では「教材を投げる」「体を揺すって拒否する」などして不安を表現します。前述の「赤をください」という指示も、言語化された基準（「赤」という実体はない）ですから、この段階の子どもにとっては理解を超えているといえます。

　しかし、このような特性は、繰り返された習慣により自然に見通しがつく日常生活の中では目立ちません。また、年齢が高くなると、言葉がパターン化された記憶を引き出してその場に適切な行動をとることがあり、指示理解の困難さが克服されたように見えることもあります。

　月に1度の学習を数年間続けてきたある高校生に、写真21のような提示をし、「これはなんですか？」と聞きました。「あおいくるま」「あかいくるま」と答えることができたので、そのとき筆者は、この事例が概念理解に至ったように誤解してしまいました。そこで、写真22のように「赤い車」を隠し、イメージの操作を期待して、「これはなんですか？」と聞いてみました。すると、「白いコップ」。「見てわかる」段階に特徴的な、現実に即した答えでした。慌てて筆者は、「そうね。白いコップ」と答えました。

写真21　2つの属性を言葉で（「青い車」「赤い車」）

写真22　支援者は、「赤い車」という答えを期待する

　このとき筆者が、「いいえ、赤い車です」と教えたら、「あ、そうか」と納得してもらえるでしょうか。おそらく、席を立つか泣きだすか、いすをガタガタさせるなどして、その後の学習には応じてくれないでしょう。コップをかぶせる前の「あおいくるま」「あかいくるま」は、長年の学習経験で身につけた、パターン的な回答です。見える世界に依存する子どもにとっては、コップをかぶせたときに目の前にあるものは、「白いコップ」であり、それ以外のものではありません。これを「間違い」とするのは、見えない世界が見える大人の側の判断ですから、ここでは、子どもの感じ方に同意・共感し、それからコップを開けてさりげなく中を見せ、「赤い車があるね」と言います。学習嫌いにしないためには、このようなちょっとした配慮が大切に思われます。

4　言葉とイメージの世界で

　言葉とイメージの世界に入っていくと、目の前にないものがわかるようになり、昨日、明日などの言葉も、「過去」「未来」の意味で使うようになります。繰り返されたことなら言葉だけでイメージすることができ、また、「どうして？」「〇〇だから」など行為の理由の説明や、『今は〜だから』など言葉でイメージを切り替えることも可能になります。全体的にかたくなさが減って、言い聞かせが通じやすくなり、友達とのやりとりも盛んになってきて、支援者は適応がよくなったと感じます。

　学習においては、見た目は違ってもある基準（色や形、用途などの共通要素）で分類する学習が可能になっていきます。その学習を発展させる際には、生活経験を思い出しながら見た目の違う物をある基準で分類するような課題で誘っていきます。たとえば、お風呂で使うもの、公園にあるもの、などの分類です。身近な題材であるほど、子どもたちは安心して応じられるようです。

　しかし、この段階の初期、太田ステージ評価でいえばStageⅢ-2（概念形成の芽生え段階）では、新しい課題を理解するためにはまだ十分な視覚的手がかりが必要です。日常的に繰り返された場面と新規の場面では言葉の通じ方が異なるということを念頭に、支援者は、新規の場面では言葉だけでなく、身振りや視覚的な手がかり（絵など）を添えて指示を伝える配慮をする必要があります。

　新しい課題を説明しているときは、この段階でも、説明が長いと落ち着きがなくなってしまうことがしばしばあります。複雑な音声情報の解釈がうまくできないので、周囲の視覚情報から判断しようと必死になっている様子、隣の友達のしぐさを見てそれに合わせて行動しようと努力する様子も観察されます。そんなとき、少し理解力の高い友達の隣に座らせることはよい方法です。友達の振りを見ながら状況に適した行動をとろうとすることは、社会性の側面から、より望ましい対応のしかたといえるからです。その意味で、この段階からは、小グループでの指導が効果を上げていきます。1対1で手をとって指導しなくても、体育などでの全体指示に比較的よく応じるようになっていることも観察されます。

第4章
3つの世界をつなぐ

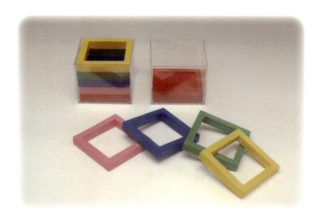

　異なる世界の間には、簡単に越えることのできない壁があります。この壁の前で不安定になる子どもに対して、学習への意欲を損なわないようにする配慮が必要です。
　教材教具には、今できていることをふまえて次につながるような、さまざまな工夫を埋め込むことができます。子どもの手や目の使い方に合わせて細かい工夫や調整をしながら、時間をかけて質の異なる世界をつないでいく過程は、子ども自身の発達への要求を満たすと同時に、支援者が子どもから信頼され、人間関係が深まる過程でもあります。

第4章
3つの世界をつなぐ

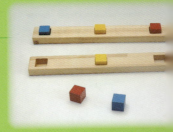

1　触ってわかる世界から見てわかる世界へ

（1）バラバラな動きをまとまった動きへ

　外界に興味を持って手を出すようになった子どもの活動は、「操作した結果がすぐに返ってくる」ことによって活発になっていきます。「こうしたらこうなる」、すなわち、行為と結果の単純な結びつきに気づくと、子どもは目を輝かせ、今発見したその法則を何度も試してみます。
　この段階では、
①叩く⇒押す
②つかむ⇒放す・穴に落とす
③かき寄せる⇒手前に引く
④払いのける⇒方向を予測してすべらせる
⑤つまむ⇒引き出す⇒さす・入れる⇒方向を予測して見る⇒終点を意識してさしていく
など、粗大で瞬間的な動きを通して、子どもは果敢に外界に働きかけていきます。その手は常に、何かを触ったり、叩いたり、引き寄せたり払いのけたりと忙しく動きます。しかし、視覚は動作の始点を「見つける」ためにチラリと使われるだけで、動作が始まると外れてしまい、目と手がバラバラに使われるために、行為全体も、途切れがちな、目的性に乏しい動きになっています。ここでの支援の目的は、手の運動を、目的のある（終点を予測した）、まとまりのある方向に導くことにあります。水口先生の言葉を借りれば、「**位置、方向、順序**」への気づきを促すように支援します。
　目的のある（終点を予測した）まとまりのある行為に導く過程にはたくさんの支援の余地があり、研究会では、そのためにいくつもの教材教具を開発しています。たとえば、動機付けを強めるため、終点に「落としたら音が鳴る」などの強化子を組み込むなどです。結果が予測できると、子どもはより活発に応じるようになっていきます。
　その過程を通じて、子どもの目は、点を見つける目から端と端を比較する目、始点から終点までの線（軌跡）をたどる目、広い範囲を見回す目へと変わっていきます。手を使うことによって視線がひきつけられ、興味をもつことによって視線が手元に留まることが多くなっていきます。それだけでなく、操作している自分の手を見ることにより、自分がしていることが記憶に残りやすくなります。終点と、そこに至るまでの方向に気づくと目が手を追うようになり、目がなめらかに手の動きをたどるようになると、形の理解につながっていきます。この過程を詳細に捉え、小さなステップを追いながら、課題を組み立てていきます。以下は、上記①から⑤までの活動を、子ども自身の意図的な活動にするための教材教具の例です。

第4章　3つの世界をつなぐ

<初期の手の操作に合わせた教材教具の例>

①叩く⇒押す
　（写真23：柔らかいボールを押し込む）

写真23

②つかむ⇒放す
　（写真24：つかみ取り、籠に入れる）
　（写真25：触覚を手がかりに穴に落とす）

写真24

写真25

③かき寄せる⇒手前に引く
　（写真26：青い突起を引いて、板が手前の端に当たるとチャイムが鳴る）

写真26

④払いのける
　⇒方向を予測してすべらせる
　　（写真27：赤い丸を右にずらすとオルゴールが鳴る）

写真27

⑤つまむ⇒引き出す⇒さす・入れる
　⇒方向や終点を予測してさしていく（写真28）

写真28

◆つかむ、放す

課題：ボールをつかみ取る⇒籠に入れる	 写真29

　一般に、つかむことよりも放すことの方が難しいものです。その理由の1つめは、「触れたものをつかむ」ことは反射として生得的に備わった行為ですが、「放す」にはより意図的で学習された動きが必要だからです。2つめは、障害のある子どもは、しばしば運動発達の遅れや麻痺のために、意図的な運動が制限されているからです。以下は、手の不随意運動が顕著なレット症候群の事例です。よく動くがコントロールが難しい手の動きを、自発的でまとまりのある動きに導くため、手を伸ばしつかむ、場所を特定して放す、などの活動を促しています。

①まずは、利き手である右手を使いやすくするため、左手を固定します。右手を刺激して、この手を使うということを伝えます。鮮やかな色のウレタンボールは感触もよく、一度触ればつかみやすさが予測できます。自分のしていることがわかりやすくなるように、重さや音のフィードバックも工夫されています。

②ボード（学習枠）は「この空間で学習する」ことを伝えるものです。ボードの表面にステンレスのシートが貼ってあり、磁石を埋め込んだボールをさまざまな位置で提示することができます。磁石の力は、ボールをつかみ取る際に実感として伝わるだけでなく、突然の手の動きでボールが下に落ちてしまうことを防ぎます。

③支援者は、活動を始める前に見本動作を見せます。

④介助は手の運動を方向づけるために行い、つかむ動作を妨げないようにします。すなわち、子どもの手が教材に触れた瞬間に支援者は手を放します。このように、子どもができることとできないことを正確に見きわめ、できることまで介助しないようにします。

⑤手を開くためには、手首が何かに触れること（触覚の手がかり）が必要です。支援者はそのことを予測して、手首が当たりやすい位置に籠を持っていきます。

⑥子どもの視線をよく観察し、視線が向かっている位置にボールを提示します。高すぎても低すぎても、子どもは自分の手の動きを見ることができません。

⑦ボールをつかんだ子どもは、口に持っていって感触を確かめ、次に外に向けて手を出し、瞬間的な動作で手を籠のふちに当て、ボールを放します。支援は、このような一連の行為がつながるように工夫します。ボールを手放した瞬間が「課題の終わり」です。すぐに籠をしまい、はっきりとほめます。**籠がそのまま出ていると、子どもはまた手を出してしまい、一連の動作の終わりがわからなくなります。**

第4章　3つの世界をつなぐ

◆向きを修正しながら放す

課題：円柱の向きを整えて筒に入れる	
	 写真30
金属で作った円柱を透明な筒に落とす課題です。この課題のねらいは、 1　始点（円柱を放す場所）を見つけて目を離さずに手を持っていくこと 2　「ここで放そう」と思って意図的に手を放すこと 3　円柱の「向き」を自分で調節して、筒に入れること 4　手を放した後の動き（落ちる方向）を予測して、目で追うこと　です。 　以下は、麻痺があり、斜視を伴い、「よく見る」ためには時間がかかる事例です。	

①運動の始点を見つけやすくするために、筒の入口には光るテープが巻いてあります。眼前に示すと、チラリと見て場所を特定し、手の運動が始まります。焦点は、ゆっくりと定まっていきます。

②円柱を縦向きにすることが難しいので、はじめは失敗しないように少し手伝います。円柱が落ちるとカチンと音がして、終点がフィードバックされ、「できた」という実感があります。そうすると、視線が支援者に向かい、支援者が「いいね！」と共感すると満足感があり、さらに意欲的になっていきます。

③触覚と運動に集中して操作しているときには視覚は十分に働きません。そのため、円柱の動きをうまく追うことができません。子どもは、円柱が終点に達してから筒を引き寄せ、自分のしたこと（円柱が筒に入ったこと）を見て確かめます。

④筒を引き寄せ、回しながら見て、口で確かめ、支援者を見ます。再び円柱をつかんで、向きを工夫し、筒の入り口に持っていきます。支援者は、ただ円柱をうまく入れることを目標にするのではなく、この途中の行為を大切に見守ります。このやりとりを通して人間関係も意欲も育っていくからです。筒に入れるときに時間がかかり過ぎると失敗感をもってしまうので、軽く、きっかけ程度の介助をします。

⑤円柱をつかむことが難しかったら、より小さな円柱にします。つまむ動作の方が対象に注目しやすく、自分の操作に注意が向きやすいものです。子どもの視線がしっかりと対象に向けられると、操作もなめらかになっていきます。このように、できるだけ介助が少ない状況を見定めて教材の大きさや数、置く位置を調節します。

⑥慣れてきたら、円柱の提示場所を左右前後に変えて、探すように目を使うことを促します。認知空間（意識できる空間）を広げることによって、見比べることも上手になります。

◆払いのける、方向を予測してすべらせる

課題：丸い板をつかんでずらす
　　　⇒始点から離れるとチャイムが鳴る

写真31

　手の運動を方向づけるための教材です。いずれは終点を予測した動きに導くことを念頭に、手が少しでも動いたら反応があるように、教材を工夫しています。わずかな手の動きに対して、「音が鳴る」ように強化子が埋め込まれ、始点から少しでも板が離れると、「ピンポン」とチャイムが鳴るのです。
　まずは、音の反応を「予測して」手を動かすことが子どもの主体的な活動となります。次に、運動の方向を選ぶことが、課題となります。

①子どもの手を赤い丸の上に乗せ、わずかに介助して、動かすと音が鳴ることに気づかせます。手の動きとチャイムの音との関係に気づいた子どもは、意図的に手を動かそうとします。はじめはぎこちなく、方向の定まらない動きですが、反応を予測できるようになると視線は手元に注がれ、全身を使って押し出すような動きに変わっていきます。支援者は肘を軽く介助して、子ども自身の動きを引き出していきます。
②「右にだけ動く」ことが理解できると、動きに「方向」が出てきます。方向に気づくことにより、バラバラな身体運動が意図的な動きに変わるだけでなく、物を「**点**」で見ることから「**線**」で見ることへと、認知のスタイルが変わっていきます。それは、いずれ、**形の認知へ**とつながっていきます。
③指導の段階として、（1）チャイムに動機づけられ、円板に注目してつかむ、（2）手前に円板を引き寄せてチャイムの音を聞く、（3）教材のガイドに頼りながら横方向に運動を調整する、（4）上下左右の方向を自分で見定めて運動を調整する、があります。1つ1つの段階が確実になるよう、じっくりと取り組みます。

（2）点から線へ

「触ってわかる」すなわち、触った感じや動かした感じで対象を理解する段階では、視覚は「見つける」こと以外にあまり使われません。支援者は、**「見えることは必ずしもわかることではない」**ということを承知した上で働きかけを行います。

「触ってわかる段階」では、一点をめがけて操作することが多く、他の部分は目に入らないか、すぐに忘れてしまいます。また、一度焦点を合わせると、他の部分に視線を移すことや、自由に見比べることが難しく、ある物を皿に置いた後に別のものを渡すと、すくにその上に重ねてしまいます。したがって、ここでは「点」の認知を「線」の認知に変えていくという発想が必要です。この段階の子どもたちに「線」を意識させるためには、端から端までの距離が一目で目に入るくらいの小さな教材が適しています。

棒さし教材のねらいは、
①見つけて手を出す
②穴の位置を注視し、目を離さずに手を持っていく
③穴の連続性と運動の方向に気づき、間を飛ばさないで順番にさす
④全部さし終わったときに全体を見通して、（位置、方向、順序のある）「形」として認識する
などです。棒さし教材では、触覚と運動を使って「穴にさす」操作が「特定の場所を見る」という「点」の認知を強化しています。そのようにして視覚を引きつけたうえで、「点」の認知を、連続性をもった「線」の認知に変え、ひいては**位置、方向、順序**に気づかせて形の理解へとつなげます。

棒さし教材のバリエーションとして、子どもの扱いやすさに配慮したさまざまな素材があります。感触に配慮したものとして、柔らかい樹脂製の棒（縄跳びの素材等）を利用したもの、重さに配慮したものとして乾電池を棒の代わりに使ったもの、強いマグネットを埋め込んで、さしたときの「パチンという音」で実感をより強化したもの、視覚を引きつける素材として、「リベット」を使ったものなどがあります。

「リベット」は、もともとは鍋に取っ手を取り付けるための部品であり、これを使った「リベット教材」は「障害児基礎教育研究会」の活動でよく使われる棒さし教材の一種です。光ること、つまみやすい構造であることが子どもの興味をひきつけ、特に「触ってわかる」段階の子どもが好んで手を出す素材です。

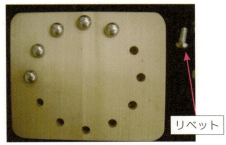

写真32　リベット教材

◆ 順に見る、線をたどる

課題：樹脂製の棒をつまんで順に挿していく	
	写真33

　「触ってわかる段階」では、触覚・運動感覚と視覚がバラバラに機能し、操作するときには目が対象からはずれがちです。そのため、せっかく学習してもその経験が視覚的なイメージとして記憶に残りにくく、そのことが言葉の発達にも影響を与えています。並んだ点に順に指を置くということができないと、「数える」ことも困難です。触った感じや動かした感じで対象を理解している段階では視覚はあまり使われず、まずは、触りながら線の連続性やその方向に気づいていきます。
　この教材では、注視を促すために「穴に入れる」操作を使い、順に棒をさすことにより、線の連続性に気づくように導きます。ます。また、触覚の敏感さに配慮して、樹脂製の柔らかい感触の棒を使っています。

①子どもの指を教材の端に導き、一緒に穴をたどりながら、穴の位置、すなわち棒をさす方向を伝えます。警戒心の強い子どもは、指先を持つと怖がることがありますので、最初は慎重に行います。麻痺がない限り、細かい物をつまむことには生得的な興味がありますので、あえて小さな棒を使います。両端が同時に目に入ることも、線を意識するためには重要です。

②棒は、1つずつ手渡します。渡したときが活動の始点です。穴を見つけ、棒を手にしたときには穴から目線がはずれますが、さすときに再び視線を穴に戻し、さす操作と同時に穴を見ています。そのことにより、操作の方向が予測しやすくなり、活動に安定感が出てきます。

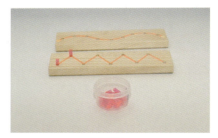

写真34

③漠然とさしていると目がはずれがちになりますので、ときには写真34のようなジグザグ教材を使うこともあります。穴の位置を探すことにより手元に視線が戻ってきますので、そのタイミングで指さしをして、進む方向を教えます。

④線をたどりながら順に手を動かしていく運動のイメージをつくることが、位置、方向、順序のある「形」の認知につながっていきます。

第4章　3つの世界をつなぐ

◆**線をたどる、順にさす**

課題：
（1）数唱に合わせて下から上に順に抜く、
　　逆唱に合わせて上から下に順に抜く
（2）数唱に合わせて下から上に順にさす、
　　逆唱に合わせて上から下に順にさす

写真35

　タイルやシールなど、平面に並んだもので数を数えさせようとすると、間を飛ばしてしまうことがよくあります。数唱に手の運動を合わせるだけで精一杯で、視覚で運動を調節する（たどる）ことが難しくなってしまうのです。教材を立体にして階段状にすることにより、間を飛ばすことが少なくなります。重力に逆らう運動の感覚が手がかりとなって、指を置く動作に意識が向きやすくなるのです。

①棒さしは一般に、さすことより先に抜く操作を行います。抜くことにより、運動の方向に視線が導かれ、予測しやすくなるからです。子どもが抜いた棒を自発的に並べて置くようになると、順序や方向を意識してきたといえます。並べて置くことができたら、順にさすことにもすぐに慣れていきます。子どもの動作に合わせて、「いち」「に」と声をかけます。
②抜き終わった後に、数を唱えながら穴を順にたどります。
③改めて下から棒を指していきます。できるだけ援助は避け、子どもが自分でさせるようにします。上に上がるときは「いち」「に」と唱え、下がるときは逆唱を入れます。しかし、まださすことだけで精一杯の場合は、順唱のみにします。
④階段状の棒さしをしてから平らな棒さし教材にすると、間を飛ばすことが少なくなります。

（3）線から面へ

「触ってわかる」段階では、「一度に1つずつ、構成要素を別々に見る」（Maurer & Murer, 1992）といわれます。すなわち、小さな目立つ部分に注意がひかれ、全体を形のまとまりとして把握することが困難です。しかし、見て欲しい物を小さくして、子どもの手のひらに入る位の大きさにすると、マッチングができることがあります。教材を小さくすると、子どもが一目で全体を把握でき、形がまとまって見えるようです。形を構成的に見ることは、限定された空間で、各部分の位置関係を把握するだけでなく、いずれは空間と自分との関係を把握することにつながります。階段の位置はどこにあるか、道の先がどうなるかなどがわからないと、人は不安になります。そのためか、空間の把握が困難な子どもたちは一様に気持ちが不安定で、場所を移動するときには、壁を触り（叩き）ながらつたい歩きするなど、絶えず触覚に頼ろうとする様子が見られます。

定型発達児では、「つかむ」あるいは、親指と人指し指で「つまむ」ことを通して、最初は一点にアプローチする活動を好みます。見つけることは上手でも、「それか、それ以外」という見方をし、見た物と他のものとを見比べる行為はまだできません。放すときは、まずは口に持っていき、感触を確かめてから放します。口にもっていく操作に習熟すると、次第に振りまわし、外側に向かって投げる操作を楽しむようになります。はじめは、振り回す行為や投げる行為を通して、運動そのものを楽しみます。そして、いくらか動きが調整されるようになると、積む、落とすなど、縦方向の、終点を意識した操作に関心が向いてきます。

教材教具の操作を通して子どもの目の使い方を注意深く観察すると、知的障害のある子どもの目も定型発達児と同じ順序で発達することがわかります。「一点を見つける目」が「複数を見比べる目」「線をたどる目」に変化し、線をたどるようになると、より広い範囲が目に入ってきて、形の認知につながっていきます。

リベット教材を通して、尖った場所や角、光る場所などの「点」に注目する目が、たどる目、形をまとまりとして捉える目に変わってくると、はめ板も、押しつけないで、「かざして」入れるようになってきます。つまり、触覚に頼らずに視覚で課題を処理するようになっていくのです。

第4章　3つの世界をつなぐ

◆**角から線をたどって、形を予測する**

課題：リベットを角の穴にさしていく。さしたあとにふちをたどって形の板を入れる。

写真36

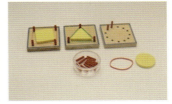

写真37

　子どもはしばしば尖った部分や目立つ部分（点）に注目しています。線は「点」の集まりです。注目しやすい「点」を使って「線」に意識を向け、線のまとまりである「形」の輪郭に気づかせていきます。
　写真36の教材で使っている金属製の棒は、「リベット」といって、もともとは鍋に取っ手を取り付けるための部品です。光ること、つまみやすいことなどの特性により、子どもの注意を引きやすい素材です。リベットを角にさしたところでふちをたどり、形に気づかせます。その形に合う板を選んで形の輪郭の中に入れます。角にのみ棒をさして、ゴムをかけることによって形を予測させることもあります（写真37）。

①まず、形の輪郭を伝えるために、一緒に穴をたどります。自発的に指先が出る場合には、手首を介助して、子どもの動きを妨げないようにします。
②最初から順にさすということを理解している場合もありますが、間を飛ばしてさす場合もあります。その場合は、リベットを穴に近づける直前に「ここにさす」ということを指さしで伝え、連続してさせるように導きます。別のところに挿してしまったあとに「ちがうよ、ここです」などと訂正することはできるだけ避けます。バラバラにさし始めてしまったら、しばらく見守りながら、どのような目の使い方をしているか観察します。
③支援者の意図に応じようとしているときには、操作のあとに支援者に視線を送ってきます。しかし、さすことで精一杯であれば、リベットを1つ1つ渡すことにより、支援者を意識させます。「さす」行為に集中すると全体の形に目がいきにくくなります。そのため、さし終わった後に再びリベットの並びを指でたどります。
④たどった直後に「丸ができました」と名称を入れながら、丸い板を渡します。形を意識することができてきたら、○と△など選択肢を提示して、選ばせるようにします。
⑤リベット教材のバリエーションとして、写真37のような教材もあります。これは角をさし、その後にゴムを渡して形の輪郭を意識させてから形の板を入れるものです。

(4)「見比べる」から見本の理解へ

　　落とす、積むなどの活動に熱中している間は、子どもは見本の意味になかなか気づきませんが、認知できる空間が広がってくるとともに、向こう側から手前に視線を移動する見比べや、見本の手前に選択肢を複数置いた、「見本合わせ」が成立するようになります。

　　左右に見比べる目の使い方ができるようになると、複数の選択肢を見比べて見本に照らすことも上手になっていきます。マッチングに自ら取り組むようになる頃には、日常生活においても、見本（教師のしぐさや隣にいる友達の行為）を見て行動する準備ができていきます。

　　ところで、見本に応じて操作するということは、他者の意図に応じて操作するということでもあります。見本がわかるということは、学習スキルとして画期的な進歩であるだけでなく、「相手に合わせる」という社会スキルの基礎でもあります。定型発達児では、2歳半頃、太田ステージ評価の「3つのまるの比較」（巻末資料参照）を通過するようになり、すなわち、隣に合わせて基準を移動することができるようになるとともに、遊びの相手が大人中心から子どもに移っていきます（Elissら，1981）。自分に合わせてくれる大人ではなく、自分が合わせる必要のある子ども同士のやりとりにも、「見本がわかる」など認知のスキルが関与しているのです。

(5) 構成的に見る

　　はめ板を押し付けないで「かざして」入れるようになり、触覚ではなく視覚で判断する「振り分け課題」（p41、写真14）ができるようになると、ますます視覚を優先的に使った外界理解が進んだようにみえます。しかし、たとえ色を分けてお皿に分類するようになったとしても、それだけで視覚が十分に機能しているといえるでしょうか。全体を構成的に見る力の弱さは、「切片パズル」（p40、写真13）をやってみればわかります。

　　入れた感触でわかる「はめ板」を「切片パズル」（各パーツが直線で分離されている）に替えたとき、最初は「押し付けながら見る」「角や輪郭に合わせながら入れる」など触覚に頼った応じ方をして、絵がずれても気づかないということが観察されます。その場合は、見慣れた図形、日常生活でよく使う物の絵などを使って、分割の数を少なめ（2分割）から段階的に増やして行く、あるいは一部を入れて提示するなどの配慮をします。すると、子どもは安心して応じ、優先的に使う感覚が触覚から視覚に移るという困難な過程をなんとか乗り越えていきます。つまり、質の異なる世界をつなぐには、要素を少なめにして、間違えないようにすることで、子どもの意欲をそがずに学習を進めるようにします。この段階の子どもは、自分が試されるような課題を敏感に拒否することが多く、安心して応じられる配慮があるかないかが、支援者と子どもとの人間関係に大きく影響します。

第4章　3つの世界をつなぐ

◆見比べる、見本と同じスティックをさす

課題：渡されたスティックを、見本の直前で見本と同じ位置にさす	 写真38

　子どもたちの大好きな、動物のスティックによる棒さしです。向こう側が見本（支援者用）、手前が本人用として、2つ提示しますが、見本の意味がわからない段階では、渡されたスティックを支援者がさしたスティックの隣にさしてしまいます。見本を理解しているかどうかは、見比べる目の動きで観察できます。見本を見本として理解できるようにするためには、最初は2つの台をくっつけた状態で提示し、徐々にその距離を離していきます。

①子どもと一緒に全部のスティックをはずします。スティックが並んでいる状態を見ながらすることが大事です。
②両方の台をくっつけて提示します。支援者は、子どもの体の正中線に教材の端（写真38では左端のトラの場所）を近づけて、見本用（奥の台）に1本さします。同じスティック（トラ）を子どもに渡し、指さしで、さすべき位置（手前の台の穴）を明確に示します。
③次も同様に行い（写真38ではパンダ）、マッチングの原理を伝えます。
④台をくっつけた状態で全部さし終わったら、2つの台を適宜離し、同様に行います。見本と同じスティックを、支援者が1つずつ渡します。
⑤選択肢を2つ、子どもの側の皿に入れ、見本と見比べて選ぶように促します。ただし、見本に合ったスティックを探し出すことができなかったり、任意の位置にさしてしまうようであれば、「見比べること」や「目を離しても見本を覚えていること」がまだ困難と考え、指さしをしたり、スティックの数や提示位置を工夫するなどします。そのためには、子どもの目の使い方をよく観察します。

◆ 構成的に見る

課題：直線に切った切片を組み合わせて絵を構成する

写真39

写真40

　形や大きさの違いがわかり、はめ板を押しつけて入れることがなくなっても、小さな部分に注意がひかれ、全体を構成的に見ることができない状態は続きます。「大きい」「小さい」など概念を表す言葉を使っていても、絵合わせができない事例もあります。以下は、好きな歌手の写真はすぐに見つけ、「大きい」等と言いながら大きい方を取ることができる事例です。目の使い方に問題があるようには見えず、視覚で物の位置や方向を判断することの困難さに周囲が気づきにくい事例といえます。

①最初に、形そのものをくりぬいたはめ板（写真39）を使います。触った感触と入れた感じ（パチッとした感触）により、見なくてもできたことがわかります。上下を間違えず、押しつけないで入れることができると、視覚的な困難があるようには見えません。
②次は切片パズル（写真40）です。この教材は、各パーツが直線で切ってあるので、絵を見ないで入れると子どもの予測と違ったものができてしまいます。最初は、パチッと入ると絵が逆さでも「できた！」と差し出すことがあります。絵よりも角や輪郭線に着目し、触覚を使って課題に応じているからです。
③順番を間違えてずれた絵ができてしまったときに、子どもは違和感を表すかどうかを観察します。もし気づかないようなら、絵を指さして注目を促します。
④ずれた絵を自分から直そうとしたら、この課題が子どもの実態に合っているといえます。最初は、小さな目立つ部分に着目しながら直そうとします。たとえば、ペンギンのくちばしをつなごうとするなどです。そのように、小さな部分にのみ注目し、全体を見ることが難しいことがわかったら、子どもが自分でできそうな部分（くちばしの部分）のみはずし、残りをあらかじめ入れて提示します。失敗しないように軽く手伝い、少しの操作で「できた！」という実感が得られるようにします。
⑤個々の子どもの困難さに配慮しながら、徐々に切片の数を増やしていきます。

第4章　3つの世界をつなぐ

◆凸面を手がかりに形を描く

課題：棒状マグネットの上をホワイトボードペンでなぞる。手前に引く線から始め、横に引く線は最後に描く	 写真41

　触覚を手がかりとして、方向を予測した操作を促します。市販のマグネット棒を使い、その上を描くようにした教材です。手に力が入りすぎると棒からペンが落ちるので、子どもは自然にマグネット棒を見て運動を調整するようになります。手前に引く操作の方が容易なため、逆三角形から始めます。

①最初に子どもの指を誘導して、右利きの場合は、左上から下に、右上から下に、そして左から右に、マグネットで作った逆三角形の輪郭をなぞります。
②子どもにホワイトボードペンを持たせ、左上の角を指さし、そこから下に向かって、マグネットの上に線を引くように促します。次に右上の角を指さし同様にします。積極的に取り組むようであれば、あとは何も言わなくても横の線を引こうとします。
③横に線を引くときにどうしていいかわからないようであれば、支援者が指で左から右にたどってから、ペンをマグネットの左端に誘導し、少しだけ左に動かして手を放します。
④マグネットを外して三角を描き、その上をなぞるように促します。
⑤三角形の角の点のみを描き、結ぶように促します。
⑥最後に、三角の見本を提示し、何も描いていないボードに描くように促します。

＊この事例では、マグネットを外し、見本（▽）の提示だけにすると、写真42のようになってしまいました。自分に引き付ける方向（縦線）のみを描いていることがわかります。

写真42

2　見てわかる世界から言葉とイメージの世界へ

（1）並べたがる、揃えたがる

　さまざまな物が目に入るようになり、複数のものが記憶できるようになると、物と物との関係がわかって、揃えたり比べたりなど、平面の空間を使った操作に関心が出てきます。両手に同じものをもって打ち合わせ、見比べるなどしながら、複数のものを関係づけて見るようにもなります。

　次第におもちゃなどを並べるようになり、また、身近な大人の動作をそのまま真似することを楽しみます。それまでの「積む」遊びも、同じものを積む、大きい順に積む、など自発的に基準をつくって楽しむようになります。徐々に、見立て遊び、すなわち、目の前にないもののイメージを積み木などの具体物に重ねて遊ぶ様子が観察され、それは、ままごとやファンタジーの世界での遊びの基礎となります。

　定型発達児では、さまざまな遊びを通して想像力も日に日に育っていきます。しかし、障害のある子どもの場合、経験をイメージとして蓄積すること自体に困難がある場合が少なくありません。言葉でイメージを操作するなど、目の前にあるものを離れた思考に至るためには多くの支援が必要です。そのための教材教具の工夫は、限りなくあると思われます。

　見えない物を扱うことは、言葉や数の学習の基礎でもあります。言葉や文字・数は、具体物を象徴する「記号（シンボル）」です。具体物を象徴的に表し、そのものから離れたところでもイメージを共有できることが、言葉の働きです。そして、イメージを共有してこそ人同士のコミュニケーションが成り立つのです。

　つまり、「記号化・象徴化」の機能は、人間関係とも密接な関係があります。想像力を育てる基礎学習は、イメージを蓄積する「記憶」の能力とも深く関係し、文字や数の学習の基礎としてだけではなく、柔軟な適応力、変化する現実に対応する能力（社会性）を身につけるためにも、きわめて重要な学習といえます。

（2）同時処理から継時処理へ

　「見比べ」を通して、子どもは見た物をいったん記憶にとどめることを学び、それは、「今ここ」にないものを扱うことの基礎となります。「見本合わせ」（p10参照）の学習では、最初は見本も選択肢AもBも同時に目に入る位置に置きますが、次第に見本と選択肢A・Bの距離を離していきます。子どもは見本を見て、一瞬記憶してから、そのイメージとA・Bを比べるようになります。「今そこにあった物のイメージと今そこに**ある**ものを見比べる」ことであり、見本を見て、A・Bを見るまでのタイムラグ（＝見本と選択肢の距離）が長くなるにつれ、同時処理のスキルは継時処理のスキルへと変わっていきます。時間の概念や記憶の関与する世界に入っていくのです。

◆入れる順序を予測する

課題：見本と同じ色順に枠を入れていく	 写真43

　この教材は、マッチングの原理を手がかりとして、物事を継時的に考えることを促すものです。見本を提示したとき、一番先に子どもの目に入るのは、最上段の黄色い枠です。しかし、黄色い枠に先に手を出すと、見本の通りに入れることはできません。そのため、入れる順序をあらかじめ予測して、操作することになります。

①子どもは見本を提示されると、一番上の黄色い枠に視線を送ります。支援者は、子どもの手が選択肢の黄色い枠に触れる前に赤い枠を渡し、入れるように促します。
②次に、見本と子どもが操作する側の容器をぴったりくっつけて並べて、入れる枠の順序に気づかせます。気づかなかったら、子どもが間違える前に正しい色の枠（ピンク）を指さします。

　遊びの中で大きさの順に積む、同じ物を集めるといった行為は、「大きい」「小さい」などの言葉（概念）につながっていきます。つまり、概念の理解を促すには、日常生活の中でこのような遊びを生じさせるような環境設定が必要です。もちろん、学習の中でも設定することができます。写真44は、縦が形の変化、横が色の変化を表す「マトリックス」という教材です。「色」や「形」などの概念が理解できていない段階でも、操作を通してさまざまな基準を意識させることが、いずれは言葉の理解につながっていきます。このような、概念（の言葉）を理解する前に生じる仲間集め等の行動を、「概念行動」と呼びます。

写真44

◆交差点を突き抜ける

課題：運動の方向を予測しながら、交差点を突き抜けてリベットをさす

写真45

写真46

　運動の方向を予測した目の使い方ができなければ、文字を書くことも難しいといえます。写真45は、大人の目には2つの丸が重なっているように見えます。しかし、点から線、線から面への認知で精一杯の子どもは、形の予測（＝運動の予測：継時処理）ができないため、しばしば交差を避ける方に進んでしまいます。独立した「形」に気づかせるためには、リベットを使って交差点を突き抜ける学習を行います。

①2つの丸を描くように、穴に沿って子どもの指を導きます。棒を1本1本渡し、子どもが支援者の顔を見たらうなずくようにします。
②交差点で気づかずに異なる方向に進んでしまったら、さりげなく、指さしで導きます。間違った方向にさしてしまったリベットは、抜いておきます。形のまとまりに気づかせるためには、たとえば、2つの丸でさす棒の色を分けるなどの工夫をします。
③1つの丸をさし終わった後に、リベットで囲んだ形と同じ形の板を渡して囲みの中に入れ、丸であることを伝えます。
④文字の軌跡に近い教材を使うこともあります（写真46）。「よ」という文字の交差する部分だけを取り出した教材です。最初に穴を指でたどり、次にリベットを1本1本渡します。上から下に向って導き、交差を避ける方向に行く前に、指をさして修正します。最後にリベットの上を指でたどります。

(3) イメージを育てる

　言葉の機能は、イメージを伝える機能でもあります。伝えたいイメージが伴わない言葉は、単なる音声に過ぎません。しかし、言葉とともに浮かぶイメージは、人によって違います。そのため、一般の大人は、予測不能な体験に対しては、地図や時刻表を見たり、インターネットで調べたり、知り合いに聞いたりするなど、言語情報を媒介として共通のイメージをもとうとします。

　もしこのような情報が手に入らなければ、人はどうなるでしょうか。新しい環境に、何の事前情報もなく身を置いた自分自身を想像してみてください。不安がつのり、いてもたってもいられなくなります。そばにいる誰かと、なんでもいいから言葉を交わし、情報を得ようとします。障害の有無とは関係なく、見通しがもてなければ、人は不安になるのです。

　「ちょっと」「もっと」「かなり」「しっかり」「ちゃんと」「○年生らしく」「反省しなさい」「自覚をもって」「人に迷惑をかけない」……ASDのお子さんが苦手な言葉です。これらの言葉には実体がなく、これらを通じて浮かぶイメージは人によって違うからです。さらに、これらの言葉が伝わるためには比較対象を想像することが必要です。たとえば、生活年齢に見合った「標準の身長」があるから、「かなり高い」という言葉が成立するのです。「ダメな」比較対象が想像できるからこそ、「しっかり」の具体的行動がイメージできるのです。……言語と想像力の発達に困難のある子どもたちにとって、社会生活は、いかに理解しがたい言葉に溢れていることか。そして、この子どもたちがいかに大変な日々を送っていることか。泣いたり座り込んだりする気持ちがわかるような気がします。

　このように、「イメージを育てる」ことの重要性は、それが社会生活と直結するところにあります。大人が「わかって当然」と思うようなことに、子どもたちの学習の種があります。それぞれの理解力に合わせて系統的な学習を準備したいものです。

　「イメージをもつ」ことにもさまざまなレベルがあり、学習もそのレベルに合わせたものになります。たとえば、テーブルの下に落ちて見えなくなったものを一瞬のぞき込むようなことは、「触ってわかる」段階の子どもでも可能です。しかし、この段階のイメージは、同じ体験の積み重ねによって予測可能になったものに限られます。

　イメージを記憶するだけでなく、他のイメージと組み合わせ、操作して、数や言葉として表出することははるかに難しい作業であり、それが可能になるためには、たくさんの具体的な手がかりが必要です。写真47は、具体物の操作を通して数の概念理解につなげるための学習です。教材教具は、具体物から離れた思考をするためには、具体物を操作した記憶が必要だということを、私たちに教えてくれます。

写真47　具体物の操作の実践場面

◆視覚で対応する（写真48）、聴覚で対応する（写真49）

写真48の課題：数字と同じ数を表すカードを提示する（視覚でマッチングする：ひらがなの「いち」、ドットの1個、いちごなど絵の1個など）	 写真48
写真49の課題：相手が鳴らした数だけ自分も鳴らす、相手が鳴らした数の数字を提示する（聴覚でマッチングする）	 写真49

　知的障害のある子どもの多くが、視覚に偏った情報処理をしています。そのため、特別支援学校や学級では、得意な視覚を活用する教材が数多く使用されています。

①写真48は、たとえば、「1」という数字にひらがなの「いち」や、ドット1個のカード、絵が1つ描かれたカードを対応させる課題です。子どもは、聴覚を使わなくても対応できます。
②反復練習により、Stage I - 3（物に名前があることを理解していない）の段階でもこの課題に対応できるようになります。しかし、子どもは、しばしばひらがなの「に」を数字の「1」のお皿に入れます。「に」は1文字だからです。
③写真49は、市販されている鳴子です。支援者が見えないところで音を鳴らしたら、その音の数だけ鳴子を振る、つまり、聴覚から数をイメージする課題です。
④聴覚を使わなくても対応できる写真48のような課題を難なくこなす子どもに対して、疑問をもちながらこの課題を試してみると、全くできないということがあります。つまり、「視覚レベル」では概念（数）の理解ができたように見えても、「聴覚レベル」では全く応じられないのです。行動面での適応困難を主訴として相談された事例には、しばしばそのような知覚の「アンバランス」が見られます。

　写真48は、定型発達児では、少なくとも言葉がわからない段階の課題ではありません。そのため、この課題ができると、全般的な能力が高く見えてしまいます。しかし、写真49による課題が困難であれば、当然ながら音声の知覚に困難があります。そのため、共に生活する大人にとっては「いうことをきかない」という印象になりやすいのです。本人はわからないだけなのですが、その状態で年齢を重ねていくと、本当に反抗的な態度を身につけてしまうこともありそうです。

第4章　3つの世界をつなぐ

◆ 見えないところにある数を当てる

課題：筒で隠れた円柱の数を当てる

写真50

　この教材では、いくつかつながった円柱を透明な筒に入れ、その上から不透明な筒で隠して、見えなくなった円柱の数を答えることが課題となります。棒には強いマグネットがついていて、筒の上から一部の円柱をくっつけて取り出すことができます。円柱は、2個、3個とくっついているものも用意します。

①写真50は、円柱が5個入る筒を使っています。まず、数えながら、円柱を透明な筒に入れていきます。全部でいくつあったか確認した後に、筒をかぶせて見えなくします。そして、「何個？」と尋ねます。

②もし、子どもが戸惑うようでしたら、筒を上に持ち上げて中を見せ、下から数えるように促します。その後、再び隠し、見えない状態で筒の外側から指さして数えます。

③支援者は、磁石のついた棒で円柱を1つ取り出し、残りが何個か尋ねます。

④筒を取り去ると、即座に答え合わせができます。子どもが答えた通りの数が残っていることを確認したら、次の学習に進みます。

　数のイメージが十分でない子どもは、指を出して（視覚と運動で）数えようとします。しかし、指は10本しかなく、数操作には限界があります。この教材では、見たものを記号化して数唱や数字と結びつけることや、見えないもの（数唱）から見えるもの（実際の数）を想像する力を育てることをねらっています。

　計算ドリル（プリント）で、式に対して正しい答えが出せたとしても、実際の操作ができない足し算や引き算は実用的とはいえません。一般に、プリントで行う○＋●＝◎という計算問題は、幼児期に具体物で操作した経験（たとえば、2個と3個を合わせて5個にすること）があることが前提となっています。しかし、障害のある子どもの場合は、その経験が十分でない場合があります。

　そのような事例の多くは、視覚を優先して使い、目の前の課題で求められる表面的な操作だけを学習し、他の場面でそのスキルを再現することができません。たとえば、プリントでは3桁の計算ができるのに、日常生活で「○○を○つとって」と言われたときに正しい数を持ってくることができないなどです。

　数は、数えるための「運動」と、視覚と聴覚（数唱）が統合的に使われてはじめて生活場面で使えるようになります。そのためには、動きの中で指示を聞きながら行う学習が重要なのです。

67

◆視覚優位の子どものための数の学習教材

| 課題：5までの数字に対応する数を操作し、量として理解する |  写真51 |

　この教材は、視覚的・操作的な手がかりが豊富に埋め込まれ、手順どおりに操作していくうちに、数の感覚が身につくようになっています。言葉やイメージを操作することが難しい段階では、「言葉を使って考える」こと自体が困難です。この教材には、「これでは考えることにならないのではないか」と思われるくらい多くの視覚的ヒントが埋め込まれています。具体的な操作が記憶に残ることで、記号（数唱や数字）を用いた操作も容易になっていくのです。

①赤、水色、青、黄、オレンジの皿に、1から5までの文字（数字）板を入れていく。数字は1枚ずつ「1」と言いながら渡す。

②同じ色のビーズが頭になっているさし棒を色別に皿に入れる。各色のさし棒は数が決まっていて、赤の皿には1本、水色には2本、青には3本、黄には4本、オレンジには5本入る。赤から順番に振り分けていく。最初は、指さしで入れる皿を指示し、何をすればよいかを伝える。子どもの視線を観察し、5枚の皿を見渡すことができないようだったら、1枚ずつ提示する。

写真52

③赤のさし棒（1本）を文字板①の上にさすように、指さしで誘導する（写真51）。水色の2本をその右の枠にさすように誘導する。上からさしていく子どもが多いので、下からさすように、子どもが操作をする直前に最下列の穴をさし示す。また、枠を間違える場合もあるので、間違える前に指さしで誘導する。青3本、黄4本、オレンジ5本も同様にさしていく。

写真53

⑤②と同様に、タイルを皿に分類する。

⑥タイルを本体に移す（写真53）。さし棒の頭のビーズの色とタイルの色をマッチングすることになる。同じ色と合わせて入れれば、下段の数字と同じ数で終わる。全部入り終わったら、赤は「1」、水色は「1、2」、青は「1、2、3」と指をおいて数えるように促す。

⑦すべてのタイル、さし棒を「1」「2」と言いながら皿に戻していく。さし棒を抜くときはピンセットを使う。ピンセットを使うとき、子どもは対象をよく見ている。

第4章　3つの世界をつなぐ

⑧自由枠（①から⑤の列の全てに5個ずつ入る枠：下図参照）を使って同様に行う。

＊指導中は、「1」「2」以外の説明的な声かけは控えるようにします。理由は、目で考えている子どもの思考の邪魔になるからです。子どもは「うまくいった」と思うとそのつど視線を送ってきますから、必ずそれに応えるようにします。おおげさなほめ方よりも、視線を逃さないタイミングが重要で、視線が合ったらうなずくだけでも十分です。

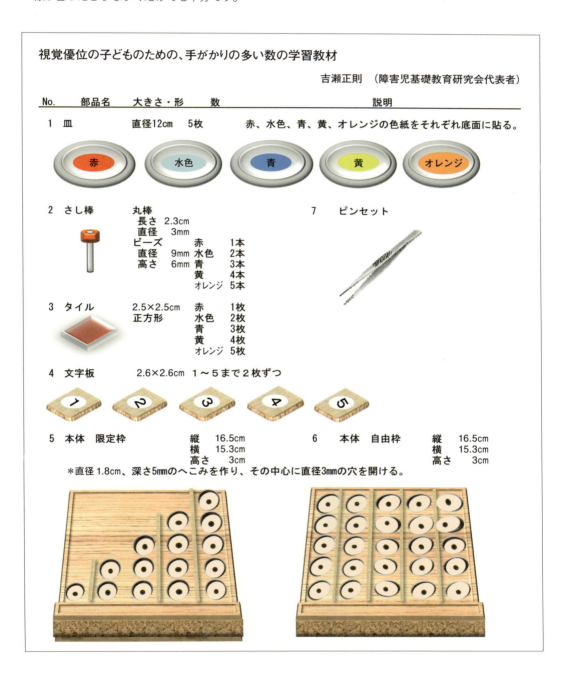

（4）文字学習との関係

　発達の初期の、一部だけを見て全体を構成的に見ることが難しい特性は、絵の理解だけでなく、文字を読むことにも影響します。単語を読むときにしばしば起こるのは、単語全体ではなく、1つの文字だけを見て特定のものを想像してしまうことです。

　いす でも いぬ でも、「いぬ」と読んでしまい、「い」と「ぬ」であることがわからない、あるいは、さ を「さとうの「さ」」と教えると、さとう を見ても、「さとうのさ」と読んでしまう、また、1つ1つの文字は50音全部読めるのに、正しく並べて単語にすることができないなどの特性も、順にたどることができない目の使い方や、見えない音を文字のイメージに変えて分解することが難しいことと関係がありそうです。

　また、1つ1つの文字が読めても、単語に構成するときに必ず間違える子どもがいます。多くは、強い音を最初に書いて、弱い音は無視してしまいます。たとえば「う」「ど」「ん」と書くつもりで、「ど」「う」と書くなどです。

　そのような状況に対応するには、プリント学習の繰り返しでは不十分です。具体物の操作による学習を通して空間と時間（発音の順序）を視覚的に把握することは、全体を構成的に見ることにつながり、学習したことの実生活への汎化を促します。

　一般には、数唱を聴きながら操作をする方法は効果的と考えられています。さらに、自分の操作と同時に自分で発音すれば、操作の記憶がしっかりと定着するでしょう。

　しかし、操作をするだけで精一杯の子どもに、数唱を強要するのはいいことではありません。視覚と運動とを統合することに集中できなくなってしまうからです。それらが自然にできるようになれば、支援者の言葉かけに耳を傾けられるようになるでしょう。まずは、今できていることを充実させることが重要です。

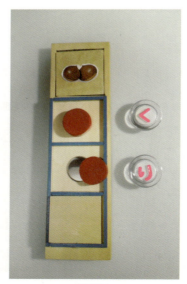

写真54

第4章　3つの世界をつなぐ

◆音を視覚化する、音節に分解する

課題：みかんの絵をみて「みかん」と発音し、「み」「か」「ん」と言いながら1つずつ丸板を置く。その横に、それぞれ文字を入れていく

写真55

　聞こえた音をそのまま真似している子どもは、単語がそれぞれ独立した音で構成されていることがわかりません。「ん」を含む単語は特に消えやすく、「みかん」は「みーかっ」「みかっ」のように聞こえ、子どもはそのまま「みか」と書いてしまいます。写真55は、50音の1つ1つは読めるが、「ん」をどう扱っていいかわからなかった子どものための、耳で捉えた音を、音節に分けて視覚化するための教材です。

①絵を指さして、「何？」と尋ねる。「み」「か」「ん」と発音しながら、文字板を教材の横に並べて置き、丸板が入る部分（左列）の蓋を開けて、その下に順に入れていく。
②全部入れたら蓋を閉じる。「み」「か」「ん」と音を分解しながら、そのつど丸板を光る部分に置いていく。
③「み」「か」「ん」の文字板をもう1セット用意し、丸板の横（右列）に置くように促す。
④全部置いたら、左側の蓋を開けて答え合わせをする。

（5）見てわかる段階の認知特性

　「見てわかる」段階の基本的な認知特性は、今目の前にある世界で行動するということです。したことを振り返る、予測する、次の変化を期待して待つ、「○○だから△△する」と理由をつけながら行動を切り替えるなどは、言葉とイメージの操作が関与するため、この段階では難しいものです。諸感覚の統合は、「見る−触る・動かす」、「聞く−触る・動かす」など、2種の感覚の統合が精一杯で、見る触ることに集中すると聞くことに注意を向けることができません。したがって、教育活動でも、まずは「このようにする」と見本動作で見せることが大切です。手順やゴールを見ていったんやり方を理解したら、言葉かけを控えめにして、本人に任せます。そして、評価はその場で即時にすることにより、自分のしたことの価値をはっきりさせます。

　学習を拒否して泣いている場合は、1つ1つていねいに言葉をかけて手順や理由を説明するよりも、指さしや物の提示で課題を示し、言葉をかけないで見守る方が得策です。手伝って欲しいときは子どもの方から視線を送ってきますので、支援はそれに敏感に応える形で支援を行います。「できたかどうか」も子ども自身で判断できるようにします。完成形を提示しておき、子どもが評価を求めて振り返ったときにそれとマッチングして、「できたね」と伝えます。

　聴くことに注意を向けるためには、言葉を多くかけるよりも、音によって動作を変えるような課題が適しています。体育や音楽でできるような、「音が鳴ったら動く」、「違う音で動きを変える」、「音が止んだら止まる」、などが効果的です。音を手がかりに行動をコントロールしているように見えても、よく観察すると、音ではなく周囲の動きを見て真似をしていることがよくあります。音によって動作を変えることができるのは、しばらく課題を繰り返した後です。そのことを承知しながら、アプローチを続けます。

　この段階では、常にキーパーソンを頼り、キーパーソンの評価を気にしています。また、安全かどうかの判断も、キーパーソンの表情を見ながらすることが多くなります。キーパーソンの不在に関しては、不安にならないように、あらかじめ絵カードなどで伝えておくことが大切です。

3　言葉とイメージの世界で学ぶ

「言葉とイメージの世界」とは、太田ステージ評価でStageⅢ-2（概念の芽生え）以上の段階を意味しています。StageⅢ-1とⅢ-2を分けるLDT-R3（3つの丸の比較：p103参照）では、最初に「どっちの丸が大きい？」と聞かれて指さした丸を、次の質問では、検査者が手で隠して「今度はどっちが大きい？」と聞きます。StageⅢ-1では、最初に「大きい」と考えて指さした丸から離れることができず、隠した検査者の手をどけようとしたり、手の上から指さしたりするのが典型的な反応です。StageⅢ-1は「ラベリングの段階」ともいわれ、言葉の表出があったとしても単に命名しているだけで、言葉に伴うイメージの操作は難しい状態を表しています。この場合の「大きい」は、大きい方を「大きい」と名づけただけであり、対象が変わったときには「小さい」になるという、本来の比較に伴う言葉の柔軟性はみられません。日常生活でも、「今日は体育がある」と思って登校したところ、避難訓練のため中止になったときに「避難訓練だから中止」と内言を操作して行動を切り替えることが難しく、怒る、頭を叩く、人をひっかく、座り込むなど、様々な行動で混乱やつらさを表します。StageⅢ-1の認知発達では、突然の変化を受け入れることは容易ではないのです。

しかし、LDT-R3を通過したStageⅢ-2では、比較の対象に合わせて「大きい」の対象も自由に移動することができ、日常生活でも、「避難訓練、ね」と言葉を使いながら自分なりに納得するようになります。このように、変化に富む社会生活においては、言葉は、本人の「生きやすさ」に直結する重大な意味をもっています。言葉に伴うイメージの操作が可能な段階に到達することは、社会適応への大きな一歩となるのです。

この段階では、当然対人関係の柔軟さも増してきます。それまで、ひたすらそばにいる大人に向けられていた人への関心は、複数の人や友達に広がり、友達が何をしているかを参照しながら自分の行動を決定する様子も見られるようになってきます。同時に競争心も芽生え、勝ったり負けたりするゲームにも熱が入るようになっていきます。StageⅣになれば、頭の中にイメージが爆発的に育っていく様子が、描画や独り言から観察できます。ままごとなどの役割交代のある遊びも、大人が付きっきりでなくても、子ども同士のやりとりで成立するようになっていきます。

◆文字から行動をイメージする（1）

課題：支援者が書いた文を読んで、物と物との関係を理解し、文に合った行為をする

写真56

　この段階では、文字や数字を含めた教材も活用できるようになっていきます。数字や文字を単に「物」として扱うのではなく、目の前にないもののイメージを含んだ「記号」として扱えるようになるのが「言葉とイメージの段階」です。
　ここでは、物と物との関係を示す助詞を使いながら、支援者はホワイトボードに文字を書いて提示しています。StageⅢ-1までは、ただ音読するだけで精一杯ですが、StageⅢ-2になると頭の中にイメージをもって言葉の意味を「考えて」「行動に移す」ことが可能になってきます。子どもは、単語で表された2つの要素「くるま」と「はこ」を関係づけ、「入れる」で動作をイメージして課題に応えます。

①はじめに、使用する教材を1つずつ袋から出しながら、「これはなんですか？」と聞くなどして、名称を知っているかどうかを確かめます。
②ホワイトボードに文字を書きます。「くるま　を　はこ　に　いれる」と、名詞と助詞を区別しながら書いていきます。子どもは文字を音読するだけでなく、くるま、はこ、など複数のものに同時に注目し、また、それをどうするのか考えなければなりません。それは、目の前のものを手がかりとしながら頭の中で行われるイメージの操作であり、物の名前を知っているだけでは応じることができない課題です。
③車を箱の上にのせてしまったとしても、2つの物をどうにかしようとしたということを評価します。「違います」とは言わずに、もう一度文章を見せ、特に「入れる」への注目を促します。
④子どもが緊張してしまったら、少し援助して、動作を教えます。ここでは、正しい答えを教えるということよりも、言葉を動作に変換することが難しいことへの配慮として、援助の度合いを考えます。
⑤たとえば、コップには蓋がないので、言葉をきっかけ（合図）として聞いている段階では「コップに車を入れる」方が比較的生じやすい動作といえます。もし「はこにいれる」が困難であれば、コップに変えてみることもあります。
⑥本人が提示される内容に興味をもって身を乗り出すように、提示のタイミングも工夫します。

<応用>
①課題がうまく伝わり、子どもが活動を自然に楽しむことができたら、今度は、支援者がする動作を文字で書いてもらいます。「見ててね」と言いながら車を箱に入れ、ホワイトボードとペンを差し出し、「どうぞ」と言います。
②手がかりがないところで自ら言葉を考え出すことは大変なことです。最初は、1つの対象と1つの動作を結びつけるだけで精一杯で、「くるまをいれる」だけを書くかもしれません。しかし、部分的にでもできたらほめ、望ましい答えが出るように、「は（こ）……」など、きっかけ程度のヒントを与えます。

＊パターン的であっても、前に聞いたことのある言葉を思い出して適切な場面で使うということが積み重なって、役に立つ言葉になっていきます。
＊少しでも失敗したなと思うと、子どもは別の活動に逃げ、支援者を待たせることがあります。しかし、気持ちを立て直す時間が必要と考え、すぐに連れ戻さずにしばらく見守ることも必要です。

教材の操作から3つの世界の違いを考える

「言葉とイメージの世界」では、相手に合わせて考えることが可能になります。よく観察すると、教材の操作にもそのことが現れていることがわかります。たとえば、以下のように教材を提示し、棒を渡したときに、子どもはどうするでしょうか。

①触ってわかる世界（見本の意味がわからない）：見本の近くにさしてしまいます。

②見てわかる世界（見本の意味がわかっている）：別の台にさしますが、近いところにさします。

③言葉とイメージの世界（相手の立場に立って柔軟に基準を移動できる）：相手の体の正中線を自分に移して（相手の立場をイメージして）さします。

座る位置によっても違うと思いますが、筆者は、およそこんなふうに考えています。皆さんはいかがでしょうか。実際にやってみて、確かめてみてください。

◆文字から行動をイメージする（2）

課題：支援者が書いた文を読んで、数の判断を含む複数の指示に応える（2つの課題の処理）	さんかくを　2つ　かいて　ください

　「さんかく を かいてください」であれば、StageⅢ-1の子どもでも対応できます。「さんかく」「2つ」のようにもう1つの要素が加わると、短期記憶とイメージの操作が強く関与することになります。さらに、1つの文字には2つ以上の読み方があります。この事例では、「2つ」を「に、つ」と読んでしまいました。

①はじめに「さんかく　を　かいてください」とホワイトボードに書き、黙って提示します。子どもは音読し、△を描きます。ASDを伴う子どもの場合、しばしば絵を描かないで、ひらがなで「さんかく」と書くことがあります。その場合は言葉をかけないで、△の見本を描いて模倣させます。

②次に、文字の提示をしないで「さんかくをかいてください」と口頭で伝えます。視覚が優先する子どもの場合は、このように、口頭の指示だけで視覚的見本がないと、とたんに混乱する様子が見られます。子どもの様子をよく観察します。

③次に「さんかくを　2つ　かいてください」とホワイトボードに書いて黙って提示します。子どもは音読をします。ここで、「2つ」を「ふたつ」と読めないようであれば、「2こ」と書きます。

④△を1個描いてこちらを見るようであれば、「にこ」といいながら、子どもが描いた△の横にもう1つ書き加えます。それを消してからもう一度子どもに描かせて、「いち、に、にこ」と言います。

＊StageⅢ-1では、1つの指示（三角を描く）だけで精一杯の様子が見られます。
＊StageⅢ-2以上になると、2つ以上の指示（三角を描く、2個描く）に応じやすくなります。

第4章　3つの世界をつなぐ

◆具体的操作を通じて式の意味を知る

課題：タイルの数列板を手がかりにしながら、式の空白を埋める
注　：求められている操作は引き算だが、式は足し算である。そのため、最初は、□の中に「13」と書く子どもが多い。操作を通じて式の意味を伝える

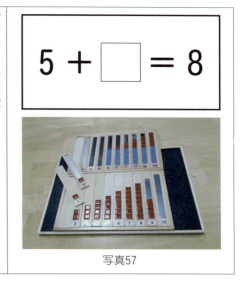

写真57

①タイルの数列板の自由枠（写真57上）を使います。8の枠に5個つながったタイルを入れ、その上に1つずつバラバラの赤いタイルを3個入れます。子どもと一緒に下から「1、2、3、…8」と数えます。

②式を指さしながら、「8は、5と？」と聞きます。すぐに反応する子どもは、たいてい、□に「13」と入れます。「＋」を見て足し算をしてしまうのです。

③8個のタイル（青5個、赤3個）を入れた自由枠に注意を促し、まず、下の「8」を指さして「8は」と言い、次に5個つながった青いタイルを指さして「5個」と言い、赤3個を指さしながら子どもの答えを待ちます。子どもが視覚的に判断して「3」と言ったら、すぐに式の空白を指さして、「3」と書かせます。

④そのようにして課題の意図がわかったら、別の数にして、同様にタイルの数列板を使いながら、視覚的に式の意味を教えていきます。

⑤慣れたら、タイルの数列板を使わないで式を埋める課題を行います。

＊StageⅢ-2になっても、子どもは視覚的刺激に強くひかれます。式に＋と書いてあれば、足し算をしてしまうのです。「違う」と言って③と書くように促すよりは、具体的な教材を使って自分でわかるように仕向けることが大切です。

◆聴覚的刺激のみからイメージする

　日常生活で言葉が理解できるようになったと思っても、まだ概念操作に慣れない子ども（Stage Ⅲ-2位まで）は、言葉と視覚的刺激を同時に提示されたら視覚的刺激の方に反応してしまいます。つまり、まだ視覚に頼った認知様式を保っているのです。そのため、時には視覚的手がかりを全てはずして、音声だけで言葉の理解を確かめます。たとえば、体育の時間に身ぶりをつけないで「うさぎ！」と言ったらうさぎの身振りをするなどがそれに当たります。視覚への依存が強い子どもは、「うさぎ」という言葉に反応するのではなく周りを見て真似をしています。

　支援者は指示を伝えようとするときには、無意識に身振りや物の提示、指さし、表情など視覚的なヒントを出しているものです。言葉の理解に乏しい子どもは、精一杯視覚的情報に応えて行動しています。そのことを十分に理解し、抽象的な言葉を避け、動作がイメージしやすい言葉を使って指示を伝えるようにする日常的な姿勢が、子どもを安心させ、学習に向かう気持ちを育てます。

　一方で、意図的に、時々身振りをはずして、ことばの指示のみで様子をみることもあります。視覚的手がかりを探して困っている様子がみえたら、適度な支援をしていきます。このように、指示を出す側は、常に子どもがどの感覚でそれを受けとめているか注意深く観察したいものです。

4　支援の方向、支援の方策

(1) 基本的な考え方

研究会では、以下のことを念頭において支援をしています。

・子どもは常に学ぼうとしている
　（学べないのは教える側の問題、課題や環境設定を工夫する）
・教材教具を使った学習の目的は、コミュニケーション
　（反復練習してできるようにさせることではない）
・学ぶのは子ども自身、できるようになるのはその結果
・一歩手前を見る
　（今できていることの上にしか学習は成立しない）
・触覚と運動を使った学習を重視する
　（実際の操作ができなければ生活につながらない）
・仮説を柔軟にもち、即座に課題を修正する

　的確に発達を把握することは重要ですが、微妙な調整は活動中でも行います。子どもの応じ方によって即座に働きかけの方法を使い分けるには、仮説をたくさんもち、同じ教材でもいくつもの使い方がイメージできることが必要です。以下は、円柱を棒にさしながら色の弁別をすることを目的に作られた市販の教材ですが、繰り返してもできなければ、一歩手前に戻ってアプローチを調整するという指導事例です。

写真58　積むことに夢中になる

（写真58）支援者の意図は「円柱を色別に分けて棒にさす」ということでした。しかし、子どもは色に関係なく、「積む」ことだけに集中しています。積めなくなるまで積むことが、自ら選んだ課題なのです（「点」に縦方向の運動で対応する段階で、左右に広がる世界に注意が向きにくい）。このとき、支援者はすぐに目標を切り替え、子どもが積む様子を見守り、それ以上積めなくなった（子ども自身が操作の終わりを感じた）ときに、「できたね！」とほめます。それが、子どもが決めた「終わり」だからです（大人の思い通りにしたらほめるのではなく、子どもが「できた！」と思ったタイミングでほめる）。

　このような場合は、ただちに選択肢を減らし、色を2種類にします。そうするとよりきっかけ程度の援助でできて達成感があり、子どもは喜びます。このように、できなかったら一歩手前の課題にして（要素を少なくして）進めていくと、学ぶ気持ちが育っていきます。

　色の弁別のつもりで用意した教材でも、「棒を見つけてその先端に円柱をもっていく」「穴にひっかかったら、向きを調整する」などで精一杯で、さすことに至らず、色にも注意が向かないことがあります（触って動かしてわかる段階）。同じ色を集めて棒にさすことができたとしても、お皿に分類する課題に変えた途端につまずく場合もあります（見てわかる段階の初期）。さらに、操作として分類したあとに「赤をください」などと言うと、円柱を投げたり、教材をかき回して逃げ出すこともあります（見てわかる段階の後期）。いずれも、子どもの認知の世界を見誤って

働きかけたためと考えられます。このようなやりとりの過程で、支援者自身もたくさんのことを子どもから学んでいるということに気づきます。うまくいかなかった事例から学ぶことは多いものです。

（2）教材教具の役割

　互いに学び合う過程での教材教具は、それぞれの段階においては、子どもの自発性を育てて活動を充実させ、各段階を乗り越えるときには、その段差を緩和させる役割をします。また、視覚か聴覚のどちらかが優先する事例では、発達の偏りによりあまり使われていない感覚を呼び起こす役割もします。

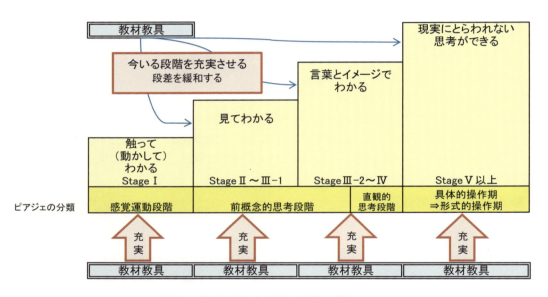

図17　教材教具は各段階の段差を緩和する

（3）学習を進める際の心構え

・学習をするときは、まず、子どもを変えようと意気込まないことが大切です。障害の重い子どもは警戒心が強いことが多く、不用意に自分の世界に踏み込まれることを嫌います。
・子どもが興味をもつものを事前に行動観察から読み取り、おおまかに、触ってわかる段階、見てわかる段階、言葉とイメージで応じる段階に分けて教材を選びます。「こうなってほしい」という大人の目標が先走るとうまくいきません。目標をつくるのは子ども自身です。
・「はいどうぞ」と教材を提示し、活動が始まらなければ見本動作を見せます。見本動作を見せても伝わらなければ、課題を変えます。つまり、触ったり見たりしただけでやり方がわかるような教材を使い、やり方を言葉で説明しなければならないようなものは避けます。
・触覚が敏感な子どもが多いので、教材教具の感触に気を配り、安心して触れることのできる素材を使います。木製の教材であれば磨いておきます。自分が動かしたという感覚が実感できる

ものがよく、持ったときに重く感じる金属の棒や、マグネットがついているものなど、取るときやずらすときに少し力がいるものが適しています。
- 短期記憶の容量が狭く、目を離したものはすぐに忘れてしまうことから、操作をしたらすぐに結果が出るものにします。少しがんばれば結果が出るように、教材の長さや置く位置も工夫します。
- 最初は、一目で目に入る範囲に教材を提示します。集中しないようなら、教材を手のひらに入る位に小さくすると、集中が高まることがあります。
- 活動しているときは、目をどのように使っているか観察します。見つけてから手を伸ばすまでに視線がはずれていないか、どれくらい注視ができるのか、左右を見比べることはできるのか、などです。瞬間的な見方しかできないようであれば、見本動作を見ながら真似る、見本に合わせるなどは困難です。
- 操作している自分の手が目に入るように姿勢を調節し、自分が何をしたのかわかるようにします。
- オウム返しの出る子どもなら、さりげなく動作に合わせて言葉を入れます。しかし、言葉がない子どもに声をかけすぎると、学習の邪魔になることがあります。
- 指導者の思い通りになったときではなく、子ども自身ができたと思い、大人に視線を送ってきたタイミングでほめます。

(4) 提示上の留意点

① **眼前30cmを基本に**

新生児の焦点は眼前30cmに固定されているといわれます。授乳する母親と目が合いやすい距離なのです。障害のある子どもの目も、30cm前にある物に焦点が合いやすいようです。その距離を基本に、どこまでなら注視できるか確かめておきます。

② **動かす、見たときに出す**

目は動くものを追いやすく、目の前に固定して「見て」というよりは、見てほしいときにさっと出す方が見やすいようです。見てほしいものを指さすよりも、袋や机の下から出すようにすると、のぞき込むようにして子どもの方から関心を向けるものです。

③ **見たときに声をかける**

見分けや見比べよりも見つける方が得意な子どもは、常に動きながら瞬間的に対象を見ています。赤いもの、キラキラ光る素材など、注目しやすいものを巧みに使って、子どもが思わず見たときに声をかけると記憶に残りやすいようです。

④ **適度な範囲**

子どもの注目しやすい位置や空間を見計らって教材を提示します。目よりも下、両肩の内側をホームポジションとして、注目できる範囲を観察し、最初はそれに合わせます。

学習空間に注意を向けるためには「学習枠」や教材を置くための皿を作成することもあります。黒地にすると、上にのせたものが引き立ちます。

同様に、見比べる対象同士の距離にも配慮します。Aを見てBを見たときにAを忘れるようで

あれば、両者の距離を縮めます。
　その空間で安定した操作ができるようになったら、少しずつ高さや置く場所を変えるなどして空間を拡げていきます。
⑤　選択肢の数
　目の使い方が未熟な子どもは、たくさんの選択肢を提示されるとどこを見たらよいかわからなくなります。1つないしは2つから始め、その子どもの目の使い方を観察して、適切な選択肢の数を確かめておきます。
⑥　準備も自分で
　教師が並べて「さあ数えてごらん」というよりは、1つずつ渡して、自分で並べさせてから数えさせます。棒さしは、抜いて並べてから入れるようにします。自分で操作するからこそ、どこに何があるか、操作の始まりはどこかなどが記憶しやすくなるからです。

(5) 能力の異なる集団での授業づくり

　特別支援学校・学級では、同じ集団の中に能力が著しく異なる子どもがいることが当たり前の状況です。そこでは、同じ活動の中でも個に応じて指示の出し方を変えたり、選択肢の数を変えたり、提示空間の広さを変えたりすることで、個々の子どもの理解力に合った指導をすることが求められます。以下はそのバリエーションです。

〈指示〉
　・視線
　・表情
　・指さし
　・身振り
　・言語
　　　単語（名称）による指示（○を持ってきて）
　　　用途による指示（○○するものを持ってきて）
　　　複数指示（○と△を持ってきて）
　　　物と物との関係を表す言葉（「○の上に△を置いて」など）

〈選択肢〉
　・1つ（取る、放す）
　・2つ（見比べて選ぶ、いらないものを捨てる）
　・3つ（見本を見て覚え、選択肢を見比べて、記憶と比較して選ぶ）
　・4つ〜6つ（見本を記憶し、選択肢を見まわして複数のものから選ぶ）

〈空間〉
　・一目でわかる空間（手のひらに入る位〜はがき大）に提示する
　・選択肢同士の間を離す（Aを見たときにBが見えなくなる範囲）
　・目よりも上、肩よりも外側（気づきにくい範囲）にあえて提示する

第4章　3つの世界をつなぐ

（6）主体的な活動を引き出すための準備

　授業は、教師が考えたシナリオ（指導案）通りに進めばよいのではなく、その価値は、子どもが主体的に取り組む場面がどれほど見られたかにあります。そのために、個々の子どもについて、子どもが自発的に能力を発揮しようとする場面を事前に言語化し、チームで共通理解しておきます。

〈日常生活における自発的な発信行動〉
- ない（泣く、うろうろする：Stage I -1）
- クレーン現象で訴える（Stage I -2）
- 物を持ってくる（Stage I -2）、持ってきて表情をうかがう（Stage I -3）
- 指をさす（Stage I -3）
- 指をさしながら発声する（Stage I -3）
- 身振りやサインで訴える（Stage I -3～II）
- カードを持ってくる（Stage I -3～II）
- 複数の絵やカードから選んで指さす（Stage I -3～III-1）
- 限られた単語（Stage I -3）
- 単語の数が増え、使い分ける（Stage II～）
- 2語文以上で訴える（Stage III-1～）　など

〈注意の向け方〉
- （見ていなくても）手（触覚）からの情報に集中していないか
- 視線の先に何があるか
- 優位な感覚は視覚と聴覚のどちらか
- 音の聞き分け（注意を向ける音、合図や指示への関心）

〈コミュニケーションが成立する場面〉
- 「通じた」と思った瞬間はどんなときか

〈学習を拒否する場面〉
- どんなときに立ち上がるか

＊これらのことを支援にあたるチームで共通理解しておくために、以下のような一覧表を作っておくことをお勧めします。これらが目標や課題設定の基礎になります。

表11　子ども理解のポイントを共通理解するための表

氏　名	主体的な発信行動	注意を向ける感覚（触覚・視覚・聴覚）	コミュニケーションが成立する場面	学習を拒否する場面
A				
B				

（7）教材製作上の留意点

① 感触をよくするために磨く

　木製の教材は特に、作成した直後にはささくれが目立ちます。年少の子どもや自閉症を伴う子ども、知的障害の重い子どもは触覚に敏感で、少しのささくれでも嫌がって手を出さないことがあります。ふちや角をなめらかにし、さらに磨いてつやを出すと、子どもは手を出したくなります。

② 適度な大きさ・重さ

　大きい方が見やすいわけではありません。子どもの認知空間は狭く、見た物からすぐに目が外れてしまうだけでなく、注視をするとそれ以外の空間には視線が向きにくくなるため、初期の教材は、一目で把握できる大きさにする必要があります。水口先生は、はめ板などは、はがきの大きさを基本としていました。手に持つ物は、手のひらに入る大きさにすれば形が把握しやすく、そして、適度な重さがあることが、子どものやる気を刺激します。

③ 見てほしい部分を赤く塗る、光らせる

　新生児は、赤いものから先に気づくといわれます。赤は、他の色に優先して目に入る色です。また、光る素材も注目しやすいものです。

④ ぴったり収まるように作る

　棒さしでもはめ板でも、すきまがあってガタガタするとすっきりしません。子どもは「カチン」という感触を頼りに「正解」と感じています。カード教材も同様で、収まるべき枠にぴったりと収まることが、「よくできた」と子ども自身が感じるための手がかりになります。

（8）全般的な行動観察の視点

　障害のある子どもとともに過ごしながら、日々の指導方法を調節・工夫する際には、子どもを観察する視点をチームで共有することが重要です。支援者なら誰でも、自分なりの目安（尺度）をもちながら対応していると思いますが、その視点をチームですり合わせ、修正し合うことが大切です。表12は、筆者らが実際に行ってきた一日入学時の観察の視点です。観察の目的は「できるかできないか」を見ることではなく、「子どもが安心して学べるわかりやすい環境は何か」、「本来向かうべき発達の方向に順調に変化しているか」、「そのことで子どもが充実感をもって生活（学習）しているか」を知ることにあります。

　筆者らは、これらの視点を取り入れた行動観察のプログラムを作成して、最初の出会い、すなわち一日入学等の場面で活用していました。現在は、多くの現場でこのようなプログラムをもっていると思いますが、共通の視点があることで観察の精度が上がり、話し合いがしやすくなり、集団編成や個別の指導計画の作成に役立ちます。

表12　生活全般で必要な行動観察の視点

項　目	視　点
言　語	表出と理解、非言語的手段の理解と使用（指さし、表情、身振り、サイン、絵等）
模　倣	粗大、微細、左右の分化、見えない部位、延滞模倣、音声模倣　等
運　動	緊張と脱力、粗大、微細、協応動作、バランス　等
目と手	注視、追視、見比べ、見たものに手を伸ばす、つかむ、放す、指示されたところに置く、両手を使うかどうか　等
情　緒	言葉の表出との関係、自己主張と発達との関係
社会性	共同注意、社会的参照、要求表現、大人との関係、友達への関心。集団での態度と家庭や保育者と1対1の場面での違い　等
行動障害	睡眠障害、異食、極端な偏食、排泄自立の遅れ、自傷、他害、破壊的行動、強いこだわり、興味・関心の乏しさ　等
配慮事項	視力、聴力、運動制限、禁忌の食物、投薬、アトピー性皮膚炎、アレルゲン、骨のもろさ、服薬と日光、てんかん発作の状態、水分補給の必要性、こだわり、予定やきまりの説明、注意集中に関する個別的配慮　等

第5章
キャリア教育の視点から
―Stageに応じた目標設定と手だて―

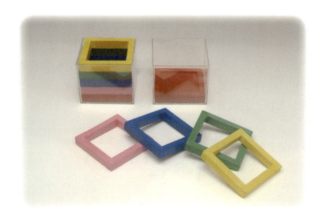

　2013年4月、民間企業における障害者の法定雇用率が2.0％に引き上げられました。教育現場でのキャリア教育の充実と企業の社会的責任への関心の高まりを背景に、障害者の雇用者数は飛躍的に伸びています（西川, 2013）。「働くこと」への適応は障害の重さとは関係しない（杉山, 2009；松矢, 2013）という指摘もあり、生き生きした就労生活を送るためには、幼児期からどのような教育が必要なのかという問い直しがされているところです。

第5章
キャリア教育の視点から
―Stageに応じた目標設定と手だて―

1 「キャリア教育」の背景

(1) キャリア教育の概要

　1996年、中央教育審議会は、「21世紀を展望した我が国の教育の在り方について（第一次答申）」の中で、「『生きる力』を育成するという基本的な考え方に立ちつつ、学校教育に求められているのは、『学ぶこと』と『働くこと』を関係付けながら、子どもたちに『生きること』の尊さを実感させる教育であり、社会的自立・職業的自立に向けた教育である」と述べています。

　1999年、「初等中等教育と高等教育との接続の改善について（答申）」では、キャリア教育を「望ましい職業観、機能間及び職業に関する知識や技術を身に付けさせるとともに、自己の個性を理解し、主体的に進路選択する能力・態度を育てる教育」と定義しました。2006年度には「小学校・中学校・高等学校キャリア教育推進の手引」が出され、その後、2009年3月告示の特別支援学校高等部学習指導要領に「キャリア教育」の文言が使われ、幼稚部・小学部・中学部学習指導要領解説でその重要性が強調されたことから、より一層推進されるようになりました。国際的にも、「自立と社会参加」をキーワードとして、障害の有無や程度にかかわらず、自律的に行動し、自らの人生を力強く切り開いていくことが期待されています。

(2) 知的障害教育における「キャリア教育」

　2011年1月、中央教育審議会は「今後の学校におけるキャリア教育・職業教育の在り方について（答申）」を示し、新たに「キャリア教育」を「一人一人の社会的・職業的自立に向け、必要な基盤となる能力や態度を育てることを通して、キャリア発達を促す教育」と定義しました。

　ここでの「自立」とは、単に職業的自立をめざしたものではなく、自分の意思をもち、選んだり、表現したり、といった、より広義の自立を意味しています。また、「能力」とは、できるできない（ability）ではなく、対処能力（competency）であり、「態度」とは、広義の自立のための基盤・土台となる態度を意味しています。そして、「キャリア教育」は、教え込みではない、本人主体の取り組みであり、幼児期から取り組むべきものであると説明されています。

　キャリア教育では、「これまでの取り組みの価値を再発見し、より発展させること」（菊地, 2013）が重視されます。従来やってきたことを見直し、将来につながる視点で新たな価値付けをすることが求められています。

　知的障害教育における具体的な取り組みに関しては、独立行政法人国立特別支援教育総合研究所の『特別支援教育充実のためのキャリア教育ガイドブック』（以下、『ガイドブック』）における「知的障害のある児童生徒の『キャリアプランニング・マトリックス（試案）』」（平成23年）

第5章 キャリア教育の視点から

が方向性を示しています。同試案では、「人間関係形成能力」「情報活用能力」「将来設計能力」「意思決定能力」の4つの観点のもとに学部ごとの「育てたい力」が示され、現在の、「知的障害教育におけるキャリア教育」の指針となっています。

表13 職業的（進路）発達にかかわる能力領域の内容

領域	内容
人間関係形成能力	他者の個性を尊重し、自己の個性を発揮しながら様々な人々とコミュニケーションを図り、協力・共同してものごとに取り組む
情報活用能力	学ぶこと・働くことの意義や役割及びその多様性を理解し、幅広く情報を活用して、自己の進路や生き方の選択に生かす
将来設計能力	夢や希望をもって将来の生き方や生活を考え、社会の現実を踏まえながら、前向きに自己の将来を設計する
意思決定能力	自らの意思と責任でよりよい選択、決定を行うとともに、その過程での課題や葛藤に積極的に取り組み克服する

独立行政法人国立特別支援教育総合研究所「キャリアプランニング・マトリックス（試案）」
『特別支援教育充実のためのキャリア教育ガイドブック』（国立特別支援教育総合研究所, 2011）p49-50より引用

表14 育てたい力

領域	学部	内容
人間関係形成能力	小学部	自分の良さへの気づき/友達の良さの気づき/大人や友達とのやりとりと集団活動への参加/日常生活に必要な意思の表現/挨拶、身だしなみの習慣化
	中学部	達成感に基づく肯定的な自己理解、相手の気持ちや考え、立場の理解/集団における役割の理解と協力/社会生活に必要な意思の表現/状況に応じた言葉遣いや振る舞い
情報活用能力	小学部	仕事、働く人など身の回りの様々な環境への関心/地域社会資源の活用と身近なきまり/体験を通した金銭の大切さの理解/自分が果たす役割の理解と実行
	中学部	進路をはじめ様々な情報の収集と活用/社会の仕組み、ルールの理解/消費生活に関する基本的な事柄の理解と計画的な消費/様々な職業があることや働くことに関する体験的理解/学校生活、家庭生活において自分が果たすべき役割の理解と実行
将来設計能力	小学部	家庭、学校生活に必要な習慣づくり/職業的な役割モデルへの関心/意欲的な活動への取組
	中学部	職業生活に必要な習慣形成/将来の夢や職業への憧れ/様々な学習活動への自発的な取組/目標を実現するための主体的な進路計画
意思決定能力	小学部	目標への意識、意欲/遊び、活動の選択/活動の振り返り
	中学部	目標の設定と達成への取組/自己の個性や興味・関心に基づいたよりよい選択/進路先に関する主体的な選択/活動場面での振り返りとそれを次に生かそうとする努力/課題解決のための選択肢の活用

独立行政法人国立特別支援教育総合研究所「キャリアプランニング・マトリックス（試案）」
『特別支援教育充実のためのキャリア教育ガイドブック』（国立特別支援教育総合研究所, 2011）p49-50より抽出

2 実態を見据えた具体的な学習内容の検討
―Stage に応じた目標設定と手だて―

　特別支援教育においては、対象の子どもたちが社会生活への参加に困難があるからこそ、「キャリア教育」の推進はより重要といえます。「キャリア教育」の実現とは、その「理念」を「具体的で実践可能な」目標や手だてに変えていくことにほかなりません。

　キャリア教育の中核には、「本人の願い」を特定することがあるとされています（『ガイドブック』p116）。しかし、言語による表現手段に乏しい知的障害を伴う子どもたち、同様に「想像力の障害」がその主症状にあるASDを伴う子どもたちは、自分の気持ちが表現できないというよりも、自分の気持ちを解釈し定義づけるための言語やイメージ自体をそもそも使いこなせないというハンディキャップをもっています。また、重い肢体不自由を伴う子どもは、願いがあったとしても身体運動として実現することに厳しい制限のある自分を日頃から自覚しています。

　表出言語をもたない、あったとしても一語文程度の子どもも少なくありません。たとえば、StageⅠ-2の子どもは、「手段と目的の分化」の段階、すなわち、自己と他者の違いにようやく気づき、発信行動（クレーン現象）が芽生えたとしてもまだ不安定な段階といえます。この段階の子どもたちにとって、たとえば、「他者の個性を尊重する」（表13「人間関係形成能力」参照）とはどういうことでしょうか。「キャリア教育」の内容や視点が「絵に描いた餅」にならないようにするためには、子どもたちの実態から目をそらさずに、教育内容を考えていく必要があります。

　「キャリア教育」の理念を知的障害教育の分野でより実現可能にするために、ここでは、4つの能力領域である「人間関係形成」「情報活用」「将来設計」「意思決定」における具体的目標を太田ステージ評価に合わせて例示し、手だての整理を試みます。

　具体的な内容設定においては、表13、14に示された、「職業的（進路）発達にかかわる能力領域の内容」「各学部段階において育てたい力」の観点を1つ1つ実態に照らして読み替えていきます。たとえば、「人間関係の形成」においては、「他者の個性を尊重する」「自己の個性を発揮する」「様々な人とコミュニケーションを図る」「協力・共同して取り組む」について、各Stageの子どもたちの日頃の行動に照らして、現実に即した観点を挙げていくこととします。

　以下、「目標」は、子どもが自らめざすもの、「手だて」は、教師が行うことです。したがって、目標の主語は子ども、手だての主語は支援者になっています。対象は、中学部から高等部を想定しました。

◆Stage I

人間関係形成能力

目　標	相手からの働きかけに対し、身振りや挨拶で応える 指さしや身振りで大人に向かって要求表現をする できたときに大人の顔を見る
手だて	挨拶や返事の身振りを教える、共同注意を促す 好きな物を隠すなどして要求を引き出し、手さし・指さしを使うことを教える

情報活用能力

目　標	構造化された部屋の中で予測して行動する
手だて	動きの始点、方向・操作空間・終点を材料・道具で示す

将来設計能力

目　標	睡眠、登校、就寝など基本的な生活リズムが安定する 生活の中で、一人でできることをする ほめられることがわかる、ほめられることが仕事の動機になる
手だて	援助や共感を求めて視線を送ってきたら必ず反応する 活動の場で使う道具などで予測がつけられるようにする 仕事の始点、終点、手順を道具や材料で示す 届ける、しまうなど、生活の中で一人でできる仕事を探す

意思決定能力

目　標	特定のもの以外に関心をもつ 選ぶ、(いらないものを) 捨てるなど、選択肢があることに気づかせる
手だて	固執しているものとそうでないものを並べて (固執しているものを) 選ばせる 箱を用意し、選択したもの以外は特定の場所に置く (捨てる) ことを教える

　Stage I の段階の子どもにとっての「人間関係の形成」とは、まずは他者の存在に気づくことであり、他者の働きかけに応えることであり、他者に向かって要求を発信していく、ということといえます。そのための手段として、指さし、サイン、身振り、発声などを使っていくということです。また、「情報活用能力」においては、しばしば目の前の刺激にすぐに手を出してしまい、他の物と比べて選ぶことが困難ですから、まずは、他の物の存在に対する気づきを育てていくことが学習になります。「将来設計能力」といっても、言語が機能するまでは未来のイメージはもちにくいですから、睡眠障害や摂食障害を防ぎ、排泄自立も含めて生活習慣を安定させていく取り組みがその土台にあると考えます。「こうしたらこうなる」という行為と結果の簡単な結びつきが理解できたら、毎日の繰り返しにより、保健カードを届ける、などの仕事は自立していくと思われます。

◆Stage Ⅱ

人間関係形成能力

目　標	自発的に要求を訴える 人と共に仕事をする習慣を身につける ほめられることを期待して活動をする
手だて	身振りなど非言語的伝達手段の多様化を図る、言語を育てる 人と一緒に長いす等を運ぶ 本人ができたと思った瞬間にほめる

情報活用能力

目　標	構造化された場所で自分のすることがわかる 身振りや絵カードなどの説明によりすることがわかる
手だて	身振り・材料・道具ですることを示す、仕事環境を一定にする 買い物など公共の場での体験を用意する

将来設計能力

目　標	基本的な生活習慣が身につき、場面に応じて自ら動く エプロンなどの身支度をしながら次の活動を予測する
手だて	よい生活習慣は毎日繰り返す 活動ごとに身につけたり持っていくものを決めておく

意思決定能力

目　標	いくつかのものの中から必要なものを選ぶ 安全か危険か、してもいいかなどを大人の顔を見て判断する（外部の判断を求めるスキルを育てておく）
手だて	固執するものを除いた二者択一の選択肢を用意する マッチングにより正解を伝える 視線を送ってきたら必ず反応する、拒否のサインを尊重する

　StageⅡは、日常生活の文脈の中ですることがわかり、少しずつルールにも気がついていく段階です。言語はまだ十分に機能しませんが、いつもの状況の中での声かけならば、言葉の指示だけでも行動することができます。物を一緒に運ぶなど移動を伴う課題を通じて、相手を意識した行動も可能になります。キーパーソン（大人）を頼りにし、その評価も気にするようになっていますから、その関係の中で具体的に望ましい行動を伝えていくことが重要です。自分にわからないことは正直に拒否するか、固まって動かなくなってしまうこともあります。そのようなサインに気づき、わかりやすい提示を工夫することが、こちらの指示を受け入れてくれることにつながります。

第 5 章　キャリア教育の視点から

◆StageⅢ-1

人間関係形成能力

目　標	大人の動きを見て自分の動きを判断する 社会的な場面で通用する方法で意思を表現する 記号による評価（○、×）を理解してそれに応える
手だて	多様な身振りやサインを教えて自己表現を促す 挨拶、報告、謝罪、感謝など、簡単な社会スキルを教える 評価は即時に行うとともに、授業の終わりに○や×で振り返る

情報活用能力

目　標	見本を見て模倣する 視覚化された手順やゴールを理解して活動する ○や×などの記号化された評価の意味を理解して活動の目標とする
手だて	言葉を少なめにして見本動作で課題を伝える 作業学習では、手順カードや完成品を提示する ○や×で評価する場面を設ける

将来設計能力

目　標	きまりの復唱などにより行動を調整する 仕事の開始・終了および休憩時間がわかる
手だて	簡単なきまりを身振りで伝え、絵カードなどで視覚化しておく 良い悪いを○×で教える 仕事の区切りが操作的にわかるようにする（材料がなくなるなど）

意思決定能力

目　標	社会的な場面で通用する伝達手段を使って意思を表現する 周囲の行動に注意を向ける 全体の動きに合わせて動く
手だて	身振り、絵カード、単語や文字など、多様な伝達手段を育てる 具体的な選択が可能な交渉ごとを用意する

　StageⅢ-1では、少しずつ友達への関心が増していきますが、まだキーパーソンに強く依存しています。記号による評価（○や×など）の意味がわかるようになると、○の評価にこだわることもよく見られます。そのような評価の活用により、仕事の喜びを伝えることができます。目標や手順は、視覚化することで理解しやすくなります。活動の際には、ゴール（完成品など）を提示することで、意欲が持続します。視覚に頼って環境を理解しているので、目の前に材料があると作業を終わることができないこともあります。材料をしまうための「終わり箱」を用意するのも1つの方法です。一般に決まりに律儀で一度覚えたことはよく守ります。一定の手続きを決めてよい習慣をつくることにより、自立して課題を遂行することができるようになります。
　中学生になると、自分で決めた手順に強くこだわり、大人の支援を受け入れないことが多くなりますが、むしろ自立心の芽ばえと考え、道具を用意し見本を示し、あとは本人が助けを求めるまで見守るといった姿勢も重要です。

◆StageⅢ-2

人間関係形成能力

目　標	友達の動きを見て自分の動きを調節する 賞賛を期待して行動する 指示により別の作業にも応じる 体調不良を訴える 異変に気づいて知らせる
手だて	皆の前でほめる 役割を与え、ときどき人と交代させる 体調不良や異変を伝えるスキルを教える

情報活用能力

目　標	具体的な目標や完成品を見て、自分の努力目標を理解する
手だて	達成目標、きまり、役割などを文字や数値で示す 仕事の成果と目標の比較を行う、このときはこうするなどのフローチャートを作っておく

将来設計能力

目　標	よい評価を求める ○個作れば終わり、などの目標を意識して活動する 具体的な「仕事」のイメージをもつ
手だて	ユニフォームの着用など目に見える形で仕事のイメージを作る モデルとなる友達の近くに配置する

意思決定能力

目　標	仕事の種類や目標、仕事量を自分で決める いったん選んだ仕事は最後まで遂行する
手だて	仕事の種類や量、達成目標を示して選択させる 可能な仕事量に気づかせる 仕事を紙に書き出す援助を行う

　StageⅢ-2では、友達をよく意識し、競争を楽しめるようになってきます。そのため、ほめるときも皆の前でほめると効果的です。また、先を見越して行動するということもできるようになりますので、ゴールを自分で決めて努力することも期待できるようになっていきます。年長の場合は、目に見える形の「かっこよさ」で自尊心を満足させることができますので、高等部ではユニフォームなどで「大人らしさ」を伝える工夫も効果的です。

第5章 キャリア教育の視点から

◆StageIV

人間関係形成能力

目標	外部者との適切な応対スキルを身につける 全体の活動状況に気を配る トラブル時に上司に判断を求める 友達と仕事を補い合う
手だて	分担して仕事を行う他者の動きに注意を促す トラブル時の対処法を具体的に教える（報告、相談など）

情報活用能力

目標	パソコンに作業状況を入力する 計画書や手順書、作業のスケジュールを見て動く 複数の作業に優先順位をつける
手だて	仕事の進捗状況を説明する 仕事に優先順位をつけるための援助や、友達と活動を企画するための援助を行う

将来設計能力

目標	職場見学やパンフレット等を通じて自分の未来像を描く 計画書や手順書を自分で作る
手だて	施設見学などで働く人々の様子を見せる 計画書の作成を援助する 見学やパンフレットなどで将来のイメージを伝える

意思決定能力

目標	友達と簡単な企画をする トラブルに「臨機応変」に対処し、可能な限り仕事を完遂しようとする
手だて	行事などを利用して自発的企画の意欲を高め実行の援助をする 作業が滞る場面（材料が足りないなど）を作る

　StageIVの大きな特徴は、過去、現在、未来のイメージが明確になり、これから行う作業の手順を自分なりに組み立てたり、優先順位をつけたりすることが可能になっていくことです。仕事の現場で必要とされる「臨機応変」も、この段階から課題として求めていくことができるようになります。自分が主体となって計画し、同僚と話し合って修正していくということも、大人の支援を得ながら経験していくことが望まれます。

　キャリア教育の4つの観点と太田ステージ評価に沿った目標・手だてを試案として述べました。**子どもに無理難題を要求しないための目安**として受け取っていただければと思います。年齢に応じた変化については触れていませんが、もちろん年齢に応じた教材や道具の選択、スタイルの工夫は必要です。それらは、認知の実態に応じた目標が明確化されたところで、その視点を加味し調整していくことができると考えます。

　筆者は、「キャリア教育」を、「みんなと一緒にいたい」「働きたい」「人の役に立ちたい」心を育てる教育だと解釈しています。そのためには、子どもにわかりやすく活動しやすい環境を工夫し、「できた」「喜んでもらえた」経験を積み重ねることが必要です。そして、「わかりやすい環境」は、支援者が、子どもの「わからない」状態を把握してこそ、実現できると考えています。

第6章
合理的配慮と教材教具

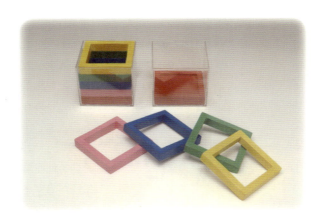

　第1章〜第3章で述べたように、子どもが何に関心をもち、何に困難を感じているかは、教材教具への手の出し方、学習を拒否する瞬間などから観察することができます。それをいかに把握し、意識化・共有化するかに、療育や教育にかかわる支援者の力量が問われているように思います。「合理的配慮」とは、国連の「障害者の権利に関する条約」で提唱された概念で、国内の障害者施策にも反映されている、障害のある人の社会参加を可能にするための配慮のことです。わが国でも「共生社会の形成に向けたインクルーシブ教育システム構築のための特別支援教育の推進（報告）」（2012年7月）を受けて、独立行政法人国立特別支援教育総合研究所では、「合理的配慮」の理念の普及と、具体的な事例のデータベース化を進めているところです（http://inclusive.nise.go.jp/）。

第6章
合理的配慮と教材教具

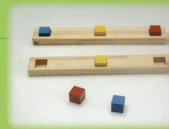

1 「障害者の権利に関する条約」の批准

　2014年1月20日、わが国の「障害者の権利に関する条約」の批准が国際連合で承認されました。2006年12月に第61回国連総会において採択されたこの条約は、2008年に20カ国の批准を得て発効し、現在では151カ国の批准を得て国際的に合意されているものです。わが国は2007年9月に署名しましたが、国内法の整備が遅れ、2011年8月の障害者基本法の改正をはじめ、2012年3月の「障害者の日常生活及び社会生活を総合的に支援するための法律【障害者総合支援法】」、2013年6月の「障害を理由とする差別の解消の推進に関する法律【障害者差別解消法】」等の成立を経て、ようやく批准に至ったところです。

　この条約の第2条では、「**合理的配慮（Reasonable Accommodation）**」が定義されているとともに、教育に関する第24条第2項では、「**個人の必要に応じ、合理的配慮が提供されることを確保しなければならない**」とされています。この概念は、「合理的配慮が否定されることは『障害に基づく差別』の一形態である」という説明とともに、わが国の教育施策にも大きな変化をもたらしています。「個々の障害に応じた配慮や工夫がないことは差別である」という観点から、ますます環境整備や教材の工夫が求められているところです。

　「障害者の権利に関する条約」に基づいて改正された「障害者基本法」の第16条では、「国及び地方公共団体は、障害者が、その年齢及び能力に応じ、かつ、その特性を踏まえた十分な教育が受けられるようにするため、可能な限り障害者である児童及び生徒が障害者でない児童及び生徒と共に教育を受けられるよう配慮しつつ、教育の内容及び方法の改善及び充実を図る等必要な施策を講じなければならない」「国及び地方公共団体は、前項の目的を達成するため、障害者である児童及び生徒並びにその保護者に対し十分な情報の提供を行うとともに、可能な限りその意向を尊重しなければならない」として、国の施策や地方公共団体の義務として、これを実現することを求めています。

　「障害者差別解消法」は2016年より施行されることになっていますが、その中でも「合理的配慮」の提供は国や地方公共団体等における法的義務とされ、今後、政府の基本方針を策定するほか、文部科学省でも、教育の分野における対応指針を策定しています。「合理的配慮」の具体化の過程では、教材教具の確保やその工夫、それらを適切に扱うための専門性の向上について、関係者の組織的な努力が求められていくことでしょう。

2 「共生社会の形成に向けたインクルーシブ教育システム構築のための特別支援教育の推進（報告）」

　中央教育審議会初等中等教育分科会では、障害者基本法の改正（2011）を受けて、2012年7月に「共生社会の形成に向けたインクルーシブ教育システム構築のための特別支援教育の推進（報告）」をとりまとめ、この中で、「障害のある子どもが十分に教育を受けられるための合理的配慮及びその基礎となる環境整備」を打ち出しました。ここでの「**合理的配慮**」は、「障害のある子どもが、他の子どもと平等に『教育を受ける権利』を享有・行使することを確保するために、学校の設置者及び学校が必要かつ適当な変更・調整を行うことであり、障害のある子どもに対し、その状況に応じて、学校教育を受ける場合に「**個別に必要とされるもの**」であり、「学校の設置者及び学校に対して、体制面、財政面において、均衡を失した又は過度の負担を課さないもの」と定義されています。また、「**基礎となる環境整備**」とは、法令に基づきあるいは財政措置により、国は全国規模で、各自治体はその自治体内で教育環境の整備を行うものであり、「**合理的配慮**」は、その上での「**個別的配慮**」と捉えられています[11]。

　「共生社会の形成に向けたインクルーシブ教育システム構築のための特別支援教育の推進」や「障害者差別解消法」などを踏まえ、2013年には学校教育法施行令の一部改正も行われました。そこでは具体的方策として、

　①就学基準に該当する障害のある児童生徒等は特別支援学校に原則就学するという従来の仕組みを改め、障害の状態を踏まえた総合的な観点から就学先を決定する仕組みへの改正
　②障害の状態等の変化を踏まえた転学に関する規定の整備
　③視覚障害者等である児童生徒等の区域外就学等に関する規定の整備
　④保護者及び専門家からの意見聴取の機会の拡大

の4点が挙げられています。

　これらは、就学に際してより個別的なニーズが重視され、保護者と本人を含めた十分な協議ののちに就学先を決定する仕組みが整ったことを意味します。一方、現状では、すでに2002年度の学校教育法施行令改正の頃から動き始めている保護者の意向重視、地域の学校への入学に門戸を開いていく傾向とは裏腹に、特別支援学校、特に高等部への人口流入が止まっていません（石塚, 2012）。改正された障害者基本法第16条で示された、「可能な限り、障害のない子どもと共に教育を受ける」方向と、「特別な場で専門性の高い教育を受けようとする」方向とが交錯している状態で、今後、どのような関係性をもって進んでいくのか、気になるところです。同時に、学校では、障害のある子どもとない子どもが共存することを当たり前のこととして、どの教師にも、さりげなく個別的配慮ができる専門性の高さが求められることになるでしょう。

---

[11]「報告」では、「合理的配慮」は「個々の障害のある幼児児童生徒の状態等に応じて提供されるものであり、多様かつ個別性が高いもの」と説明されています。

3 「障害のある児童生徒の教材の充実について（報告）」

　この流れの中、中央教育審議会は、改正された障害者基本法の教育の条文（第16条）において、環境整備の一つとして「適切な教材等の提供」が追加されたこと、また、「共生社会の形成に向けたインクルーシブ教育システム構築のための特別支援教育の推進（報告）」において、合理的配慮の基礎となる環境整備の一つとして「教材の確保」が挙げられたことを受けて、「障害のある児童生徒の教材の充実に関する検討会」を設置し、2013年8月、「障害のある児童生徒の教材の充実について（報告）」をまとめました。

　この中で、障害のある子どもの学習困難等の要因として、「**視覚による認知の困難、聴覚による認知の困難、視覚的あるいは聴覚的短期記憶の困難、注意の困難など**」を挙げ、これらに応じた指導方法の工夫を求めていることが注目されます。

　障害のある子どもの教育実践では、われわれ大人が当たり前のように獲得してきた機能を、当たり前と思わずにていねいに指導することが求められます。視覚や聴覚による認知や、記憶、注意の困難に着目して教育内容や教材の工夫・開発をするということは、障害により外界の認知に遅れや歪みのある子どもたちへの当然の配慮といえましょう。

　報告書には、「教科書、教材については、現在、視覚的効果を狙ったものが多い」「視覚障害のある子どもや、読みに障害のある子どもへの配慮（音声教材の導入：筆者注）も必要」という指摘がありますが、筆者も同感です。

　一方、「触覚と運動による認知」に関しては、「これまでやってきたこと」として、本報告書では詳しく触れられていません。本書全体を通して述べてきたように、視覚や聴覚を通して「わかる」ことの土台には、「からだを使って学ぶ」プロセスがあります。このことを支援者が十分に理解することによって、視覚・聴覚教材を通した学習も、実生活につながりやすいものになるでしょう。動きを通して十分にイメージが作られることによって、「今、ここにない」物事が視覚的にも聴覚的にも「わかる（イメージできる）」ものとなり、学習が般化していくようになります。記号化された媒体（シンボル、絵、サイン、言葉や文字など）から実生活につながる具体性をイメージすることに困難のある子どもに対しては特に、触覚と運動を通して行為的表象を育て、視覚や聴覚情報を通して、認知・認識に導く学習内容の分析・研究が今まで以上に必要になります。

　報告書では、取り組みにあたって、「特定の教員だけで取り組むのではなく、学校が一体となって指導方法や指導体制の工夫改善を進めていくことが重要」としています。また、「発達障害のある子どもに対する配慮は、他の生徒にとってもわかりやすい学習環境を提供する」、「一人でも多くの子どもに学習内容が理解しやすくなる教材が行き渡るよう、条件整備が必要」などの指摘もあります。いずれも、特定の教員が努力するのではなく、学校という場での組織的な取り組みが求められていることを示すものです。

4 「教育支援資料」

　学校教育法施行令の改正に伴い、2013年9月には、「学校教育法施行令の一部改正について（文部科学事務次官通知）」が、10月には、「障害のある児童生徒等に対する早期からの一貫した支援について（文部科学省初等中等教育長局長通知）」が公表されました。また、このように、障害のある子どもの就学についての仕組みや考え方が、個別的に判断・決定される仕組みへと大きく変わったことを受け、これまで文部科学省から出されていた「就学指導資料」は「教育支援資料」と名称を変えることになりました。

　「教育支援資料」では、「合理的配慮」の定義が紹介され、その決定・提供にあたっては、各校の体制面、財政面を勘案し、関係者の共通理解を図りながら進めること、教育委員会や学校は、対象児童生徒の興味・関心、学習上又は生活上の困難、健康状態等に留意して、発達段階を考慮しつつ臨むこととされています。

　「合理的配慮」の観点については、「共生社会の形成に向けたインクルーシブ教育システム構築のための特別支援教育の推進（報告）」を引用し、①教育内容・方法、②支援体制、③施設・設備についての類型化が示されています。

【「合理的配慮」の観点①　教育内容・方法】
　＜①-1　教育内容＞
　　①-1-1　学習上又は生活上の困難を改善・克服するための配慮
　　①-1-2　学習内容の変更・調整
　＜①-2　教育方法＞
　　①-2-1　情報・コミュニケーション及教材の配慮
　　①-2-2　学習機会や体験の確保
　　①-2-3　心理面・健康面の配慮

【「合理的配慮」の観点②　支援体制】
　　②-2　幼児児童生徒、教職員、保護者、地域の理解啓発を図るための配慮
　　②-3　災害時等の支援体制の整備

【「合理的配慮」の観点③　施設・設備】
　　③-1　校内環境のバリアフリー化
　　③-2　発達、障害の状態及び特性等に応じた指導ができる施設・設備の配慮
　　③-3　災害時等への対応に必要な施設・設備の配慮

　この中には、教材教具の整備・充実、それを扱う教員の専門性向上のニーズが含まれています。「隠れた障害」といわれる知的障害、及び発達障害者支援法の「発達障害」では、「学習上又は生活上の困難」自体が周囲に伝わりにくいものです。また、障害の存在がわかりやすいといわれる視覚障害者や肢体不自由者においても、「障害がある」ということが周囲に伝わるだけでは不十分です。個々にさまざまな「困り具合」は、誰もがわかるように可視化される必要があり、その

アセスメントにおいては、標準化された検査のみならず、教材教具など物を媒介とした観察がより深く子どもを理解するために役立ち、日常生活の中では気づかなかったことに気づくきっかけとなります。一日のうちのわずかな時間でも、向き合ってやりとりし、子どもの視点から学習の仕方や教材を工夫することから、子どものわかり方への新しい発見が得られます。その発見をチームで共有することにより、さらなる授業の工夫や適切な教育課程の編成につなげていくことができるでしょう。

「合理的配慮」の個に応じた実践の着眼点や留意点については、本書の第4章に多くの事例を書きました。「合理的配慮」は個々の状態に応じたものであること、また、学習に限らず障害のある方のニーズはきわめて多様であることも承知しながら、それでも、特に言語発達が未熟な子どもにおいては、発達に応じた共通点と共通の順序性があり、どの方向に向かっていくか予測可能な瞬間が多々あります。それらを目標設定や課題設定に生かしていくことで、子どもが生き生きしてくるということを日々感じています。

本書に書いたことは、「やってみなければわからない」ことばかりです。水口先生は、しばしば「だまされたと思ってやってごらん」とおっしゃっていました。筆者はだまされた一人ですが、教材教具の開発は、棒さし1つ、はめ板1つにもさまざまな意味があり、人としての成長の過程が詳しくわかる奥深い世界だと思います。そこに支援者自身の発見の喜びがあり、また、それに応えてくれる子どもとのやりとりの喜びがあります。このことに気づかせてくれた子どもたちに、感謝したいと思います。

2011年8月	障害者基本法の一部改正
2012年3月	障害者総合支援法　成立
2012年7月	「共生社会の形成に向けたインクルーシブ教育システム構築のための特別支援教育の推進（報告）」
2013年6月	障害を理由とする差別の解消の推進に関する法律　成立（施行　2016年〜）
2013年8月	障害のある児童生徒の教材の充実について（報告）
2013年9月	学校教育法施行令の一部改正（通知）
2013年10月	就学指導資料➡教育支援資料
2013年12月	障害者の権利に関する条約　批准

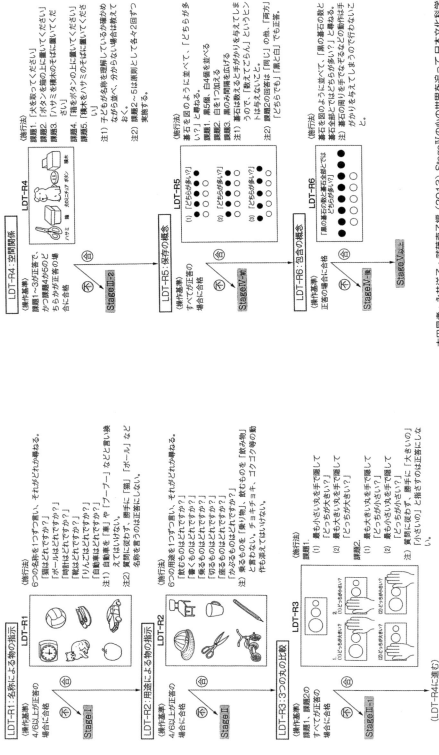

巻末資料

太田昌孝・永井洋子・武藤直子編（2013）StageⅣの心の世界をめぐって．日本文化科学社 p229 より引用

改訂行動質問票（CBQ-R）（45項目版）

おテさんの名前		（男・女）	年齢	歳 ヶ月
記入者	母・父・その他（　）	記入日	平成　年　月　日	

☆それぞれの項目について、当てはまる欄にまる印をつけてください。
日常しゃべる言葉　：　1.有意味語なし　2.一語文　3.二語文　4.文章を話す
言葉をしゃべる程度：　1.ほとんどない　2.少ない　3.普通　4.普通以上
発音　　　　　　　：　1.はっきりしている　2.はっきりしない

項目	程度 目立たない	少し目立つ	目立つ	非常に目立つ
1 言葉の発達が遅れている				
2 オーム返しが多い				
3 言語の反転（相手の立場での表現）がある				
4 言葉はあるが会話にならない				
5 会話がパターン化していたり、奇妙であったりする				
6 ひとり言が多い				
7 奇声がある				
8 孤立し、距離をおいている				
9 人、とりわけ同年齢の子どもに対して興味がない				
10 持続的な安定した人間関係を保つことが難しい				
11 視線が合わない				
12 感情の表出や表情が乏しい				
13 気持ちがかよわない				
14 奇妙なものに執着する				
15 物の置き方や順序にこだわる				
16 動く物、回転物、光の点滅などに関心を示し没頭する				
17 特定の物への強い愛着を示す（図鑑、辞書、カセット等）				
18 事柄に対する儀式的、強迫的きまりがある				
19 手や体のきまった動きや反復行為がある				
20 手を動かしたり、指を動かしてそれをじっとながめる				
21 奇妙な目つきをする				
22 耳が聞こえないようにふるまう				
23 耳をおおったり、音に不快を示す				
24 痛みに鈍感である				
25 自分の体をたたいたりする自傷行為がある				
26 人を押したり、たたいたり、つねったり、などをする				
27 物を投げたり、たたいたりする破壊的行為がある				
28 わけもなく笑ったり、泣いたり、カンシャクを起こす				
29 睡眠の障害や不規則が目立つ				
30 勝手に飛び出してどこかに行ってしまう				
31 勝手に人の家に入るなど社会的ルールがわからない				
32 無気力・自主性がない				
33 食べ物に好き嫌い（偏食）がある				
34 においをかぐくせがある				
35 動きが多く、落ち着かない				
36 ごっこ遊びや人とやりとりする物まね遊びをしない				
37 排尿・排便を何回も繰り返す				
38 注意が散りやすい				
39 反抗的である				
40 手先の細かい作業や身のこなしがぎこちない				
41 気分が落ち込む時期や高ぶる時期について悩む				
42 他人の言葉や行動について悩む				
43 まばたきのように素速い動きを繰り返す				
44 動作がとまったり奇妙な姿勢を続けたりする				
45 不安になったりこわがったりしやすい				

☆「目立つ」「非常に目立つ」とついた場合には、項目番号をつけてその内容を書いてください。

（太田ステージ研究会）

<参考文献>

ブルーナー, J. S.（1968）認知の成長Ⅰ（岡本夏木・奥野茂夫・村川紀子・清水美智子訳,認識能力の成長 上, 23-59, 1974, 明治図書）

Castelloe P. & Dawson G. (1993) Subclassification of children with autism and pervasive developmental disorder : A questionnaire based on Wing's subgrouping scheme. J Autism Dev Disord 23, 2, 229-241

中央教育審議会（1999）初等中等教育と高等教育との接続の改善について（答申）.
http://www.mext.go.jp/b_menu/shingi/old_chukyo/old_chukyo_index/toushin/1309736.htm

中央教育審議会初等中等教育分科会（2012）共生社会の形成に向けたインクルーシブ教育システム構築のための特別支援教育の推進（報告）.
http://www.mext.go.jp/b_menu/shingi/chukyo/chukyo 0 /gijiroku/__icsFiles/afieldfile/2012/07/24/1323733_8.pdf

中央教育審議会 障害のある児童生徒の教材の充実に関する検討会（2013）障害のある児童生徒の教材の充実について（報告）.
http://www.mext.go.jp/a_menu/shotou/tokubetu/material/1339114.htm

中央教育審議会（2011）今後の学校におけるキャリア教育・職業教育の在り方について（答申）.
http://www.mext.go.jp/b_menu/shingi/chukyo/chukyo0/toushin/1301877.htm

Ellis,S., Rogoff,B. & Cromer,C.C. (1981) Age segregation in children's social interactions. Developmental Psychology, 17, 399-407.

フロイト. S.（1899）隠蔽記憶について（田村恒郎・小此木啓吾他訳, 1970, フロイト著作集 9, 18-35, 人文書院）

Frostig M., Horne, B. A. & Miller, M. A. (1972) Teacher's Guide Pictures and Patterns Reviced Edition（日本心理的性研究所訳, フロスティッグ視知覚能力促進法, 1977, 日本文化科学社）

Fazio B. B., Johnson J. R., Brandl L. (1993) Relation between Mental Age and vocabulary development among children with mild mental retardation. American Journal on Mental Retardation 97, 5, 541-546

Gesell, A. & Amatruda, C.（新井清三郎, 佐野保訳. 新・発達診断学 第 9 版, 1973, 日本医事出版社）

星野仁彦・八島裕子・熊代永（1992）学習障害・MBDの臨床. 新興医学出版

本郷一夫（2006）「気になる」子どもの行動チェックリスト（D-3様式）, 保育の場における「気になる」子どもの理解と対応－特別支援教育への接続－, 5, ブレーン出版

原智彦（2013）特別支援学校における進路指導の実際. キャリア教育の充実と障害者雇用のこれから, 14-23, ジアース教育新社

石塚謙二（2012）増加が続く発達障害の児童生徒. 発達障害白書2013, 36-37

Jarrold C., Bouchier J. & Smith P. (1993) Symbolic play in autism : A review. Journal of Autism and Developmental Disorders 23, 2, 281-307

鹿取廣人（2003）ことばの発達と認知の心理学. 東京大学出版会

加部清子・國分充（2009）乳幼児が積極的に操作する事物は何か－形状と色について－. 日本赤ちゃん学会第 9 回学術集会抄録集

小山正・神土陽子（2004）自閉症スペクトラムの子どもの言語・象徴機能の発達. ナカニシヤ出版

吉瀬正則（2006）肢体不自由児における教材教具の意義と活用. 障害児基礎教育研究会編 一人ひとりの子どもに学ぶ教材教具の開発と工夫. 16-24, 学苑社

加部清子（2013）分類学習に向く教材ってどんなもの？－乳幼児の分類行動の発達に学ぶ. 障害児基礎教育研究会研究紀要第20集, 21-29

国立特別支援教育総合研究所（2011）特別支援教育充実のためのキャリア教育ガイドブック. ジアース教育新社

菊地一文（2013）キャリア教育の新たな定義の理解とその推進によって期待されること. 特別支援学校のキャリア教育の手引き 実践編, 17-22, ジアース教育新社

Luria, A. P.（1979）心理諸過程の経過における言語行為の役割－言語行為の調整機能とその発達.（天

野清訳, 1982, 言語と意識, 141-166, 金子書房）
Maurer, D. & Maurer, C. (1992) The world of newborn. New York：Basic Books, Inc.（赤ちゃんには世界がどうみえるか. 吉田利子訳. 1998. 草思社）
水口浚（2003）教材教具とは. 障害児基礎教育研究会研究紀要第10集, P 6
松村緑治（2013）物をつかむことと、つかんだ物を動かすことの違いは何か. 障害児基礎教育研究会研究紀要第20集, 49-53
文部科学省（1999）初等中等教育と高等教育との接続の改善について（答申）.
　http://www.mext.go.jp/b_menu/shingi/old_chukyo/old_chukyo_index/toushin/1309736.htm
文部科学省（2009）特別支援学校幼稚部教育要領・小学部中学部学習指導要領
文部科学省（2009）特別支援学校幼稚部教育要領・小学部中学部学習指導要領解説
文部科学省（2009）特別支援学校高等部学習指導要領
文部科学省（2011）今後の学校におけるキャリア教育・職業教育の在り方について（答申）.
　http://www.mext.go.jp/b_menu/shingi/chukyo/chukyo0/toushin/1301877.htm
文部科学省（2012）共生社会の形成に向けたインクルーシブ教育システム構築のための特別支援教育の推進（報告）http://www.mext.go.jp/b_menu/shingi/chukyo/chukyo3/044/attach/1321669.htm
文部科学省（2013）障害のある児童生徒の教材の充実について（報告）.
　http://www.mext.go.jp/a_menu/shotou/tokubetu/material/1339727.htm
文部科学省（2013）教育支援資料.
　http://www.mext.go.jp/a_menu/shotou/tokubetu/material/1340250.htm
文部科学省（2013）障害のある児童生徒等に対する早期からの一貫した支援について（通知）.
　http://www.mext.go.jp/a_menu/shotou/tokubetu/material/1340331.htm
文部科学省（2013）学校教育法施行令の一部改正について（通知）.
　http://www.mext.go.jp/a_menu/shotou/tokubetu/material/1339311.htm
松矢勝宏（2013）キャリア教育と進路指導の将来展望に寄せて. キャリア教育の充実と障害者雇用のこれから, 171-177, ジアース教育新社
西川昌登（2013）障害者雇用の状況と今後の課題、進路指導の方向について. キャリア教育の充実と障害者雇用のこれから, 8-13, ジアース教育新社
大川原恒・内川健・白石利夫・金子幸恵・和田怜子・杉林寛仁・原義人・生田茂（2008）特別支援教育における「音声発音システム」の活用－肢体不自由児を中心とした取り組み－, コンピュータ＆エデュケーション, 24, 40-43
Ohta, M. (1987) Cognitive disorders of infantile autism：A study employing the WISC, spatial relationship conceptualization, and gesture imitations. Journal of Autism and Developmental Disorders, 17, 45-62.
太田昌孝・永井洋子編著（1992）自閉症治療の到達点. 日本文化科学社
太田昌孝・永井洋子・武藤直子編（2013）StageIVの心の世界を追って. 日本文化科学社
大山泰弘（2009）働く幸せ仕事でいちばん大切なこと. WAVE出版
Ozonoff, S. & Miller, J. N. (1996) An exploration of Right-Hemisphere Contributions to the Pragmatic Impairments of Autism.Brain and Language, 52, 3, 411-430
Piaget, J.& Inhelder B. (1966) La Psychologie de l'enfant. Presses Universitaires de France（波多野完治・須賀哲夫・周郷博訳, 1969, 新しい児童心理学. 白水社）
Quill, K. A. (1995) Tearching children with autism.Dalmar Publishing Inc., an International Thomson Publishing Company（安達潤・内田彰夫・笹野京子ほか訳, 1999, 社会性とコミュニケーションを高める自閉症療育. 松柏社）
Quill K. A. (1997) Instructional considerations for young children with autism：The rationale for visually cued instruction, Journal of Autism and Developmental Disorders 27, 6, 697-714
Simcock,G., & Hayne,H (2002) Breaking the Barrier? Children fail to translate their preverbal memories into language. Psychological Science, 13, 225-231（杉村伸一郎・坂田陽子編, 実験で学ぶ発達心理学. 2007, ナカニシヤ出版）

水口浚・吉瀬正則・松浦緑治・立松英子（2006）基本の教材教具7．一人ひとりの子どもに学ぶ教材教具の開発と工夫, 62, 学苑社

佐島毅・市川奈緒子・小中雅文他（2004）感覚障害と知的障害のある重複障害児の概念形成の機序に関する研究, 独立行政法人国立特殊教育総合研究所重複障害教育研究部 一般研究報告書

Schopler E.,Mesibov G.B. & Hearsey K.（1995）Structured teaching in the TEACCH system. In E. Schopler & G. B. Mesibov (Eds.), Learning and Cognition in Autism（243-268）．New York：Plenum Press

杉山登志郎（2009）そだちの臨床―発達精神病理学の新地平. 日本評論社

竹井機器工業株式会社. PLM知覚-運動学習教具, 知覚-学習シート, 視-運動36.

立松英子（2004）知的障害の重い子どもの言語理解と視知覚-運動機能の乖離を捉える簡易指標の検討－「3つの丸の比較」と「鳥の絵課題」を使って－. 東京学芸大学学校教育学研究論集第10号, 135-141

立松英子・太田昌孝（2004）知的障害の重い子どもの行動特徴―自閉症圏障害の合併およびシンボル機能の観点から－. 小児の精神と神経, 44, 4, 373-381

立松英子・太田昌孝（2005）知的障害養護学校での発達評価における簡易指標の意義の検討－自閉症用の行動障害との関連で－. 東京学芸大学学校教育学研究論集第12号, 17-27

立松英子（2006）知的障害の重い子どもの発達の不均衡さと行動障害との関係－知的障害養護学校における簡易評価の開発を試みながら－. 東京学芸大学教育学研究科連合学校（博士課程）博士論文

立松英子（2009a）鳥の絵課題の下位分類について－視覚-運動機能の発達と行動との関係に着目して－. 第8回日本自閉症スペクトラム学会発表論文集、78

立松英子（2009b）発達支援と教材教具－子どもに学ぶ学習の系統性－. ジアース教育新社

立松英子・太田昌孝（2009）「鳥の絵課題」の下位分類の検討－視覚-運動機能のスクリーニング検査の開発に向けて－. 第47回日本特殊教育学会発表論文集, 360

立松英子・太田昌孝（2010a）鳥の絵課題の下位分類について（Ⅱ）－視-空間認知の障害と「気になる行動」－. 第9回日本自閉症スペクトラム学会論文集, 65

立松英子・太田昌孝（2010b）空間関係の把握困難と適応行動との関係について. 第51回日本児童青年精神医学会一般講演, 14-5

立松英子（2011a）概念の形成過程の発達評価と教材教具による学習の系統性についての研究. 平成21年度日本学術振興会 科学研究費補助金助成（スタートアップ）研究報告書

立松英子（2011b）発達支援と教材教具Ⅱ－子どもに学ぶ行動の理由－. ジアース教育新社

立松英子（2014）自閉症様の行動傾向を図る改訂小児行動質問票（CBQ-R）と認知発達評価の特別支援学校への適用. 自閉症スペクトラム研究, 11、2、11-20

Tomasello, M.（1999）The Cultural Origins of Human Cognition. Harvard University Press（大堀壽夫・中澤恒子・西村義樹・本多啓訳,.心とことばの起源を探る、2007、勁草書房）

上野一彦・名越斉子・小貫悟（2008）PVT-R絵画語い発達検査手引. 日本文化科学社

WHO（2001）International Classification of Functioning, Disability and Health.

Wing, L. & Gould, J.（1979）Severe impairments of social interaction and associated abnormalities in children：Epidemiology and classification. Journal of Autism and Developmental Disorders, 9, 11-30

Wing, L & Attowood, A.（1987）Syndrome of Autism and Atipical Development In D. J. Cohen, A. Donnellan & R. Paul（Eds.）, Handbook of autism and pervasive developmental disorders, 3-19. Wiley, New York

おわりに

　ここ数年で、2人の教え子を亡くしました。まだ20代そこそこの若さでした。短い命を精一杯生き、その想いを語ることなく逝ってしまったこの方々の人生と、共に頑張ってこられた親御さんの想いに心を馳せずにはいられません。教育という立場で学習を支援することが私の役割だったのですが、それを通して「今を精一杯生きる」ことの尊さを教えていただきました。

　たくさんの思い出がそのまま私自身の糧となって、今後を支えてくれるでしょう。ともすれば自分の力の乏しさを言い訳にし、時間や命を粗末にしがちな「障害のない」人の人生を、「わかる喜び」を分かち合うことによって彩り豊かなものに導いてくれただけでなく、人としてあるべき生き方まで教えてくれました。決して小さな命ではなかったということを、これからも多くの人々にお伝えしたいと思います。ありがとう、北斗くん、桃子さん。安らかにお眠りください。

2015年2月
東京福祉大学　　立松　英子

＜著者紹介＞

立 松 英 子

  教育学博士　学校心理士スーパーバイザー
  自閉症スペクトラム支援士（EXPERT）

 1983年　養護学校教諭（訪問教育、肢体不自由教育、病弱教育、知的障害教育を経験）
 1990年　障害児基礎教育研究会設立の翌年参加し、以後幹事を務める
 1993年　東京大学医学部附属病院精神神経科小児部において、自閉症の治療教育について学ぶ
 2006年　東京学芸大学大学院連合学校（教育学研究科博士課程、発達支援講座）修了
 2008年　東京福祉大学社会福祉学部　教授

主な執筆

水口浚・吉瀬正則・松村緑治・立松英子『一人ひとりの子どもに学ぶ教材教具の開発と工夫』2006年　学苑社（共著）
『発達支援と教材教具－子どもに学ぶ学習の系統性－』2009年　ジアース教育新社
『発達支援と教材教具Ⅱ－子どもに学ぶ行動の理由－』2011年　ジアース教育新社
小林保子・立松英子『障害児教育－理論と実践をつなぐ－』2011年　学術出版会（共著）

  表紙デザイン　宇都宮政一
  表紙の写真　佐野　洋之（表紙ほか）
      田中　俊典（以前田中氏に撮影していただいた写真を掲載させていただきました。この場を借りて御礼申し上げます。）
  教材制作者　障害児基礎教育研究会：吉瀬正則　根本文雄　加部清子
      杉本力也
  （たくさんの教材を提供していただき、ありがとうございました。）

発達支援と教材教具Ⅲ
－子どもに学ぶ、学習上の困難への合理的配慮－

2015年3月1日　初版第1刷発行
2023年2月23日　初版第5刷発行

■著　者　立　松　英　子
■発行者　加　藤　勝　博
■発行所　株式会社ジアース教育新社
　　　　　〒101-0054　東京都千代田区神田錦町1-23 宗保第2ビル
　　　　　TEL　03-5282-7183

ⒸEiko Tatematsu 2015, Printed in Japan

印刷・製本　シナノ印刷株式会社
○定価はカバーに表示してあります。
○乱丁・落丁はお取り替えいたします。
ISBN978-4-86371-303-1